「対話的学び」をつくる
―― 聴き合い学び合う授業

石井順治 著

ぎょうせい

は　じ　め　に

　学校教育が変化を求められている。その内容は、小学校では2020年（令和２年）度、中学校では2021年（令和３年）度全面実施になる新しい学習指導要領に盛り込まれているのだが、取り組むべきことがいくつもあることに戸惑っている教師が多いのではないだろうか。

　小学校における英語の教科化、道徳の特別の教科としての実施、ITを活用するプログラミング教育、そして何よりも強く打ちだされてきたのが「主体的・対話的で深い学び」を目指す授業改善である。そして、それらの先にあるのは「社会に開かれた教育課程」である。

　しかし、教師たちは、いくつものことに取り組まなければいけないというふうに考えないほうがよい。確かに、それら一つひとつは、異なる内容のものである。だから、それぞれ個別の内容理解をしなければならない。けれども、これらの改革の中心は何かと考え、その中心の具現化に向けて取り組む心構えが必要なのではないだろうか。

　現在、学校で学ぶ子どもたちが働き盛りの社会人として生きるのは15年も20年も先のことである。そのとき、社会は、そして周りの環境はどういう状態になっているかという見識と想像力が必要だ。私たちが行う教育は、その社会・環境で生きる子どもたちのために行うものなのだから。

　ITの高度化が産業にも社会のありようにも人々の暮らしにも大きな変化をもたらすこれからの時代を生きるには、知識を活用しクリエイティブに探究すること、他者とつながり共生すること、そして人間的な生き方を求め続けることがとてつもなく大切になる。

　その変化は、教師が教えるまま学習させる「一斉指導型教育」ではもはや対応できることではない。知識の獲得と技能の習熟を急ぐ教育では

なく、子ども自身が思考し発見する学び、子どもの発想によって創る学びを重視しなければならない。学ぶのは子どもだという当たり前のことを実現するために。とは言っても一人ではできないこと、困難なことが存在する。だから、わからなさや自らの気づきを仲間の考えとつなぎながら深める協同的学びが必要なのだ。こうして、学びが子どもによる子どもの行為になったとき、未来の自分たちのよりよい働き方、よりよい他者関係、よりよい生き方というものに本気で向かい合えるようになるだろう。それがなければ「社会に開かれた」ということにはならないのだと私は考えている。

　このように考えると、今回の改訂で出されてきた改善点はすべて、この「子どもが思考し判断し発見し創りだす学び」という一点でつながっている。プログラミング教育は当然だけれど、道徳教育も英語教育も、この改善点を意識したものにする必要がある。そして、そのもっとも中心に位置するのが「主体的・対話的で深い学び」である。すべての教科や総合的な学習の時間で、教科横断的な構想も立てながら具現化を図らなければいけないこの「学び」をどこまで質の伴ったものにできるか、今回の改訂の成否はその一点にかかっていると思うのは私だけではないだろう。

　ところで、このもっとも重要な授業改善点、それが、かつて私自身が実践し、現在の私の授業観である「学び合う学び」と方向を同じくしているということに深い感慨を覚える。

　私が著書のなかで「学び合う学び」という用語を用いたのは20年近く前の2003年のことである。もちろん、子どもたちが互いの考えをつき合わせ聴き合って学ぶ「学び合い」のある授業は、それよりさらに20年も前の、私に教室があった頃から実践していたことである。だから、私の「学び合う学び」への取り組みの歴史はそれなりに長い。それを端的に

はじめに

表しているのが、1988年に上梓した『子どもとともに読む授業』(国土社)である。私は、この書に「教師主導型からの脱皮」という副題をつけているが、その副題が示すように、教師から解釈を教えられるのではなく、互いに学び合うなかで、子ども自身が読みを探り味わうという授業にこの頃から取り組んでいたのであった。

　そういうことからすると、今回の学習指導要領改訂の軸になっている「主体的・対話的で深い学び」は全く新しいものではないということになる。私のような授業づくりが少なくとも私の周辺で何人もの教師によって実践されていたし、全国的にも、「初めに子どもありき」を合言葉にした取り組みなど、さまざまな教科、さまざまな手法で行われていたことだからである。

　しかし、それがほとんどの学校で行われていたかというとそうではなく、日本の学校における教育はまだまだ知識獲得型の「教師による教える授業」が多かったと言えるのではないだろうか。つまり、「主体的・対話的で深い学び」の芽はずいぶん前から出ていたのだけど、まだ広く認知・実践されていたものではなかったということだと思う。

　ただ、私は、これまで「対話的学び」という言い方はしてこなかった。「学び合う学び」の授業づくりで強調してきたのは「聴き合う」ということと互いの考えを「つなぐ」ということだった。それは、2003年に発刊した『聴き合う　つなぐ　学び合う』(自費出版)の書名に表れている。その「聴いてつなぐ」という言葉のやりとりこそ「対話的」ということではないだろうか。

　それなら最初から「対話的」と述べればよかったのだが、一般に使われている対話という言葉のニュアンスから、それは多くの教室で行われている話し合いなのだと受け取られかねない危険性をはらんでいたし、異なる考えをつき合わせて行う議論やディベートにおける言葉のやりとりも対話だと思われる状況も感じた。それでも、その状況をつき破るた

めに「対話的」と言えばよかったのだが、当時の私にはそこまでの意識はなかったのだった。

では、対話は話し合いとはどうちがうのだろう。議論やディベートはどうして対話になりにくいのだろう。

そもそも対話とは人と人とが１対１で交わし合うものが基本なのだから、大勢で行う授業の話し合いは対話にはなりにくいし、考えを主張し相手の考えを批評する議論や、すでに自らの意向を持って相手と対峙するディベートは対話とは言えない。対話と言えば、やはり少人数で聴き合って、その言葉のやりとりによって未だ気づいていないことをそれぞれに発見し合う行為なのだと言える。

だから、私たちは、「主体的・対話的で深い学び」で求められる「対話的学び」を、これまで行ってきたような話し合いだと考えてはならない。とは言っても、大勢の子どもが集う学校においては、いつも１対１で対話をすることは難しいし、効率的でもないし、全体的な深まりも生みだしにくい。けれども、少人数における聴き合いをとおして学びの深まりを目指したほうがよい。それを「対話的」と言っているのだと思うが、そのあり方が、今、問われているのだと言える。

そこで、対話についての学術的な論については、それぞれの識者の主張に当たってもらうこととして、本書では、学びの深まりを目指した「対話的学び」という観点から、それはどうあるべきかを探っていくこととする。

まず第Ⅰ部では、「対話的学び」で基本的なことは何なのか、「対話的学び」を実行する際、欠くことのできないことは何なのか、つまり、「対話的学びの要諦」について、７項目にわたって述べることとする。これらはすべて、「学び合う学び」に取り組んだ学校における授業や学校づくりの事実から私自身が感じ取ったことである。

続く、第Ⅱ部では、実際の授業において子どもたちがどのような「対

はじめに

話的学び」を行っているのか、その要所要所にどのような意味があるのか、どのように「深い学び」とつながっているのかという具体的事例を、複数の教科の授業を取り上げて詳述した。第Ⅰ部の「要諦」を思い起こし、「要諦」のどの項目が、それらの事例のどこに表れているか読み取りながら考えていただければと思う。

　最後の第Ⅲ部、そこでは、子どもにとって「対話的学び」は、学びを深めるだけではない重要な意味合いを有しているということで、対話というものがもたらす人間的なものについて記した。そのことによって、「主体的・対話的で深い学び」が、子どもたちの成長にとって、子どもたちが生きるこれからにとって、どれほど重要なものであるかを浮かび上がらせることができればと考えた。

　ところで、本書を読んでいただくに当たり、いくつかのことがらについてご了解いただきたいことがある。

　その一つ目は、7ページに掲げた「対話の基本的事項」についてである。これは、ここ何年かの授業参観において目にした対話する子どもたちの事実から、対話とはこういうものなのだと私自身が学んだことがらである。それを本文に入る前に掲げさせていただいた。本文をお読みいただく前に目をとおしていただき、本書全般において参照していただければありがたい。

　二つ目は、本書は三つの部に分けて記しているが、目次をご覧いただいた気分で、どの部から読んでいただいても結構だということである。小説ではないので、最初から順に読まないと理解できないということはない。ただ、筆者としては、どの段階ででもよいので、それぞれの部、章に記したことがらを関連づけていただければと思っている。

　三つ目は、第Ⅱ部及び第Ⅲ部の事例で対話を繰り広げている子どもたちこそ本書の主役なのだが、子どもたちの名前についてはすべて仮名にさせていただいた。これらの子どもたちの対話からたくさんのことを学

5

ぶことができたわけで、子どもたちに心よりのお礼を申し上げたい。

　日本の学校において、「対話的学び」を実現することは容易ではない。学びを深めるためには、子どもたちの語る言葉が、にぎやかに話し合うだけのものになってはならないし、一方的に語るものになってもならないし、聴き合えないものになってもならない。もちろん教師の問いに答えさせるだけのものにしないようにしたい。しかし、明治以来の教育が一斉指導型で、子どもが対話をして深めるものではなかったことから、実際はこのような傾向に陥ってきたのではないだろうか。

　私たちが目指さなければいけないのは、「学びを深める対話」である。もちろんそれは、一人ひとりどの子どもも参加し、どの子どもの学びも深まるものにすべきである。それには、何が大切で、どういう学び方を目指していけばよいのだろうか。

　新学習指導要領が全面実施になり、「主体的・対話的で深い学び」への取り組みが本格化する。そのとき、発想の転換も、中長期的な展望も、もちろん教師のあり方の見直しも必要である。その際忘れてならないのは、子どもの事実に目を凝らすこと、耳を澄ますこと、そして子どもを信じ、その可能性の花が開くように育てる対応をすることである。そうでなければ「対話的学び」は実現しない。

　どこの学校でも、真摯に、きらきらした瞳で対話する子どもたちの姿が見られ、学びの深まりへの喜びにあふれるようになったらどんなによいだろうか。そういう「対話的学び」をつくる足がかりとして、本書が少しでもお役に立てたらこんなにうれしいことはない。

2019年6月

著　者

対話の基本的事項

❶ 対話をすれば、考えが考えを呼び、言葉と言葉がつながり、そこから新たな気づきが生まれる。

❷ 対話は聴き合いである。たとえ考えの違いがあっても、はなから拒絶するような聴き方をしてはならない。

❸ 対話においては、だれの言葉も等しく聴き合われる。つまり構成員すべてが対等である。

❹ 言葉を交わす間、決して話題の軸から外れず、その軸を肉付けするように、一貫して考え続ける、それが対話である。

❺ 対話は、対話者同士の言葉の往来だけを意味するものではない。自分自身との対話もある。それは、他者の考えと自らの考えの擦り合わせである。つまり、対話者は、対話をしている間、常に自分自身と対峙していることになる。

❻ 学びにおける対話は、仲間や自分自身との対話であるとともに、常に対象（テキストや課題）との対話でなければならない。

❼ 対話は、考えが変わることを厭わない。対話の言葉が、自分の考えを押し通すためのものであってはならない。

❽ 対話は、正解やあらかじめ定めておいた特定の考えに行き着くために行うものではない。対話の行く先は開かれている。

目　次

はじめに　*1*

対話の基本的事項　*7*

第Ⅰ部　対話的学びの要諦

1　対話的学びはわからなさに寄り添い合うことから　*14*

2　聴き合うことが対話の基本　*19*

3　対話的学びの場と教師のはたらき　*22*

4　対話とからだの向き・目線　*26*

5　魅力ある課題が対話的学びを深める　*31*

6　子どもの学びが「みえる」教師に　*36*

7　「みえる」専門性を養う対話的授業研究　*39*

第Ⅱ部　学びを深める対話的学び

1　子どもの言葉が対話になるとき

　　　——小学校3年国語「おにたのぼうし」の授業　*46*

2　わからなさへの支えから学びが生まれるとき

　　　——中学校1年数学「円とおうぎ形」の授業　*69*

3　社会科の学びが考え合う取り組みになるとき

　　　——小学校6年社会「日本国憲法」の授業　*89*

4　英語の学びが活用的・協同的になるとき
　　　　　——中学校3年英語「絵本の結末を英語で表現する」
　　　　の授業　*106*
　　5　それぞれの読みを深め合うとき
　　　　　——小学校4年国語「ごんぎつね」の授業　*126*

第Ⅲ部	「対話」が言葉をひらき、「人」をひらく

　　1　子どもの声が引きだされたとき
　　　　　——小学校4年国語「でんでんむし」の授業から　*153*
　　2　対話のある学級が子どもの心に宿したものは
　　　　　——小学校3年算数「三角形と角」の授業から　*161*

解　　説　対話により生まれる深い学びの授業の「真髄」

　　　　　　　　　　　　　　　　　　　　　秋田喜代美　*173*

あとがき　*181*

〔カバー・本文イラスト〕掛川晶子

第 I 部

対話的学びの要諦

対話をするという言い方は特別なものではない。だれもが日常生活で耳にし、使用している言い方である。社会生活における良好な人間関係を築くためのなくてはならない行為を表す言葉として、ときには、国と国との交渉における争いのない関係づくりを目指す象徴的な言葉としても使用されている。そして、今また、学校教育においてもこの言葉が大きくクローズアップされることとなった。

　日常生活で口にするとき、私たちは対話に対してどういうイメージを持っていただろうか。そう考えてみると、どうも、人と人とが言葉を交わし合う行為だという程度のとらえ方をしていた可能性が高い。もちろんそのとらえ方が間違っていたわけではない。日常の社会生活のささいな場であろうと、国際的レベルの重大な場であろうとその行為は言葉を交わし合うという点で異なりはない。

　しかし、道端で交わす言葉まで広く対話ととらえ、一つひとつの言葉が重みを持って語られる場合や、学校教育で重要視されつつある学びにおける場合と同レベルに、ひとくくりにして「対話」と言われると、やはりしっくりこない。だから、「主体的・対話的で深い学び」への授業改善が求められたといって、この曖昧さをそのままにして、安易に「対話的学び」と口にしたり実践化したりしないほうがよい。

　そう考え、私が見聞したこれまでの授業の中から、子どもが言葉をつなぎ、考えをつなぎ合って、学びを深めることのできた授業を思い起こしてみた。撮影された映像も観た。授業をした教師が記した実践記録も読んだ。そうしてわかってきたのは、子どもたちは、ただ単にだれかに対して言葉を発していたのではなく、何かを考えるため、何かをつき詰めるため、何かをわかるようにできるようにするため、言葉を交わし合っていたということだった。つまり、そこには、本気になってつき詰めたい、考え抜きたい対象があり、その対象に対して、自分はどう考えるのかという自分自身の考えを夢中になって探していたということである。仲間との対話には、そうした強い課題意識に基づく学びの対象との対話

があり、自分自身の学びを見つけだそうとする自己との対話がある。それがなければ対話的学びとは呼べない。そう断言してよいのではないだろうか。

　学びにおける対話をそのようなものととらえて、では、その学びをどのように教室において実現すればよいのだろうか。

　ここで教師が自覚しなければならないのは、「対話的学び」に型はない、だから定型に当てはめればできるものではないということである。対話は、学んでいる人がその場で生みだす即興的で創造的なやりとりである。その場で語られる言葉には伝えたい内容があり、聴かなければならない内容があり、ともに考えていく内容があり、それぞれに自分自身がつき詰めたい内容がある。それは、対話をするそのとき、対話者それぞれの内に生まれ、次第に共有され、対話の進展につれてさまざまに変化する。だから、一般的な定型に当てはめることなどできるわけがない。教師はそう考えなければならない。

　では、型どおりにはできないこのような行為をどのようにしてできるようにしていくのか、そして、磨いていくのか、「主体的・対話的で深い学び」の実現を目指す教師は、そのことを真剣に考えなければならない。

　そこには、「型」ではない「要諦」がある。「要諦」とは「物事の肝心かなめの所」（岩波国語辞典）という意であるから、さしずめここでは対話的学びの肝心かなめのところということになる。私は、その「要諦」をまず教師が理解しなければならないと考えている。そうすれば、子どもたちから対話の本質につながる事実が生まれ始める。そしていくつもの事実が連なり、それが積み重なっていく。それは確実に対話的学びを充実させ、学びの深まりにつながることになる。

　本書では、第Ⅱ部において、学びが深まった対話的学びの事例を具体的にみていただくのだが、その前に、私が考える「要諦」とはどういうものなのか、まずそれを知っていただくことにする。

1 対話的学びは わからなさに寄り添い合うことから

　わからない！　どう考えればいいの？　すべての学びはここから始まる。そしてその瞬間から対話が始まる。学びの対象との対話、わかることを目指して自問自答する自己との対話、そして、耳を傾けてくれる仲間に「どういうこと？」「これでいいの？」などと尋ねたり、寄り添い合ってともに考えたりする子ども相互の対話である。

　学びの出発は「わからなさ」である。わからないからこそわかるようにしようと意欲が出る。すぐに答えの出るようなことには意欲は湧かないし、すぐわかればそれはそれだけのことである。わからないからこそ、困難を伴うからこそ、人は克服に向けての挑戦を開始する。その挑戦の過程で人は人として成長する。

　しかしそれをたった一人で行うことは難しい。幸い学校という場には、同じように学ぶ何人もの仲間がいる。この恵まれた環境を生かさない手はない。仲間に「わからなさ」を問いかけ、仲間の「わからなさ」に寄り添って対話することによって学びの深まりが生みだせるからである。「わからなさ」こそ、そして仲間との対話こそ、学びの原点だと言える。

　ところが、この当たり前のようなことを実際にはわかっていないことが多い。子どもが、ではない、教師が、である。

　子どもに何らかの課題を提示したあと、多くの教師が発する言葉は「できたか？」「わかったか？」である。何気ない言葉だが、それをまだできていない子ども、わからないでいる子どもが耳にしたらどう感じるだろうか。おまけに、「どんなふうにできた？」「わかったこと、どういうこと？」と、できたこと、わかったことを発表させようとするから、できていない子ども、わからない子どもには立つ瀬がない。わからなさを

第Ⅰ部　対話的学びの要諦

尋ねて何らかの糸口を見つけることができないばかりか、わからない自分に劣等感を抱くようになることもある。

　このようになってはいけないということは、よく考えればだれもが気づく当たり前のことである。にもかかわらず、教師はどうしてこのような言葉がけをしてしまうのだろうか。それは、「わかる」という結果を急ぐからである。だから、わかったかどうか問いたくなるし、わからなくて困っている子どもよりも教師の求めていることが理解できている子どもを探す見方をしてしまうことになる。それは二重の意味で間違っている。学びは「わからなさ」から生まれるという原理に反しているし、公教育の教師にはすべての子どもの学びに向き合う使命があることにも反している。

　ただ、「わかる」授業に走る教師の立場がわからないわけではない。社会には「わかること・できること」は優秀なこと、「わからないこと・できないこと」は劣っていることという固定的な価値観があり、子どもや保護者はもちろん、教師でも「わかる授業」をする教師は優れているという評価をするなど、だれもがいつの間にかその価値観に縛られているからである。

　もちろん、わかること、できることが値打ちのないことだというわけではない。人類の歴史は、わからないこと、できないことを、わかるように、できるように、それぞれの時代の人々が精一杯努力してきた蓄積とつながりだということを考えると、わかること、できることを目指すことは尊いことである。しかし、それらの努力は、すべてわからないこと、できないことから始まっているということを忘れてはならない。学びの出発点はわからなさなのであり、それをないがしろにするところからは「わかる」という結果は生まれてこないのだ。

　しかし、現代社会は、とにかく急ぎ過ぎている。じっくり、ゆっくり、「わからなさ」に向き合う大切さと価値観を埋没させてしまっている。教師だって例外ではない。できる、わかるという結果で伸びるのではな

15

く、そこに至る過程で伸びるのだということはわかっているにちがいない。にもかかわらず、一人ひとりの子どもの「学びの過程」に寄り添うよりも、とにかく「わかる」という結果にひた走ってしまう。

そういう意味で、教師は、社会の風潮や学校という場所が背負う悪しき価値観に流されるのではなく、すべての子どもの成長を見つめ、結果ではない過程における学びを大切にする教育を心がけなければならない。「わからなさ」とか「間違い」を対話に持ちこみ、そこから探究するように仕向けていかなければならない。それには、「わからなさ」とか「間違い」を「宝物」にすることである。

しかし、すでに早くできるようにしなければ、わかるようにならなければと追い立てられ、わからない自分への劣等感を抱いてしまっている子どもの気持ちは簡単には変わらない。だから、どれだけ「わからないことがあったら尋ねよう」とか「間違ったっていいんだよ」と口を酸っぱくして言っても、積極的にわからないことを尋ねようとはしないし、間違いを恐れる気持ちはなくならない。

ではどうすればよいのか。大切なのは、教師が価値観を変えることだ。子どもにとって教師は、もっとも「わかる・できる」ことを自分たちに求めている存在だ。その教師が本気で「わからなさ」や「間違い」は「宝物」なのだと考えれば、子どもはそう思うようになる。教師が心からそう思っているという事実に何度も出会えば子どものなかにそうなんだという思いが芽生える。

そう考えると、子どもたちの価値観が転換するような事実を授業のなかで生みだせるかどうかということになる。それはひとえに教師の授業にかかっている。教師の言動にかかっている。

その際、教師が必ず心しておかなければいけないことがある。それは、理解の早い子ども、早くできた子どもが仲間の「わからなさ」や「間違い」に温かく丁寧に接するように促すことである。そして、一方的に教えるのではなく、できるだけ相手の「わからなさ」に寄り添ってともに

考えるかかわり方ができるように指導することである。もちろんそれは簡単なことではない。相手の「わからなさ」がどんなものなのか理解することは難しいし、そこから「わかる」までの道筋を見つけることはなお難しい。けれども、どんなに難しいことであっても寄り添ってともに考えることが素晴らしいのだ。そういう仲間がいることで「わからなさ」を抱えた子どもは救われるからだ。そして、すでに理解していた子どもも、その学習内容にまた異なった側面からふれ直すことになり、その子どもにとっても学びの深まりになる。こうした指導による学びの事実がいくつも重なったとき、これまで子どもたちのなかに横たわっていた歪んだ価値観は窄(すぼ)んでいくにちがいない。

そうなればしめたものである。子どもたちは、仲間を信頼し教師を信頼して、安心して「わからなさ」や「間違い」を出してくる。そこから、建設的な「対話的学び」が可能になる。仲間との対話はもちろん、自己内対話も活性化し、学びの対象との対話はどこまでも深くなる。

わからないことを尋ねることは決して恥ずべきことではない。劣っていることでもない。わからないから学ぶのだ、わからないから考えるこ

とが面白いのだ、そしてわかったときの喜びが大きくなるのだ。「わからなさ」は学びにとって欠くことのできないものなのだから、そのわからなさに寄り添うかかわりは学び手にとって最も大切なマナーなのだ。冒頭の「対話の基本的事項」❸で、だれの言葉も等しく聴く、つまり構成員すべてが対等なのが対話なのだと述べたが、その対等性が自然に感じられるようになるためには、「わからなさ」や「間違い」への対応は非常に重要である。

第Ⅰ部　対話的学びの要諦

2　聴き合うことが対話の基本

　対話は話し合いではない。聴き合いである。このことも「対話の基本的事項」❷で述べたとおりである。

　学びは聴くことによって生まれ深まる。他者の言葉を聴こうとしない人、または、他者の言葉をさえぎって自分ばかり話している人にはほとんど学びは生まれない。自分の域を出ることをせず、自らの考えに固執するだけになるからである。学びは、そのとき抱いている考えに対して、何らかの刺激が加わることで深くなる。その刺激は往々にして他者からやってくる。たとえそれが自分の考えと全く異なるものであったとしても、その考えに耳を傾け、自分の考えと擦り合わせることは無駄ではない。それどころか大きな刺激を得ることになる。異質なものとの出会いは学びを深めるチャンスなのである。そういう意味で、対話において大切なのは話すことよりも聴くことなのだと言える。

　しかし、すべての子どもを聴ける状態にすることは簡単なことではない。たとえば、４人グループで１人か２人がよく聴けていたけれど、後の３人とか２人があまり聴くことをせずしゃべっていたとしよう。それで対話になっていると言えるだろうか。否である。対話は、双方向性のある言葉の往来で成立するのに、話してばかりいる人と聴いてばかりいる人に分割されているからである。不思議なもので、「聴こう」「学ぼう」という意思が双方にないと、どれだけ言葉を繰りだしても、どれだけ聴いても学びは深まらない。やはり、対話は、話し合いではなく聴き合いなのである。

　そう考えると、教師は、自分が担当する学級を「聴き合い」のできる

19

状態にしなければならない。そうでないと学びが深まらないからである。ところが、それがまた簡単なことではない。

　ある教師が聴ける学級にしようと考え、教師の言葉であっても仲間の言葉であっても私語をしないで誠実に聴かなければいけないと懸命に指導した。そのかいあって、子どもたちは静かに聴くようになり、授業が落ち着いて行えるようになった。しかし、そういう状態がしばらく続いたある日、子どもの顔に表情がなくなっていることに気がついた。一時は落ち着いていると安心していた子どもの雰囲気も、なんだか硬いと感じるようになった。

　その教師はようやくわかったのだと言う、聴き合うということは態度だけのことではなく、子どもの頭のなかに起こる作用の状態なのだということに。聴くということは話者の言葉を受け取ることを契機に、自分の考えと擦り合わせを行うことである。それは、「対話の基本的事項」❺に示した「自分との対話」である。そして生まれた気づきや疑問などを今度は相手に聴いてもらいたくなる。それを話す。そうすると、相手も自分と同じように聴く。そういう双方向性があるから、学びは次第に深まっていくのだ。

　そうなったとき、子どもの表情が変化しないわけがない。雰囲気が硬くなるわけがない。学ぶという作用には「やわらかさ」がなんとしても必要である。頭がやわらかくないと次々とひらかれていく新鮮な思考に自分自身を委ねられないからである。いくら整然と授業ができていても、硬くなっていたのでは聴き合っているとは言い難い。そのことがわかったというのだ。

　そして、その教師は、自分の指導がいかに型だけのものであったか気づいたのだと言う。それ以降、外見的な態度よりも、いま学んでいることがらを子どもとともに考え抜くことに徹しようと考えた。新しい気づきや疑問、曖昧なことなどが出ると、何を考えなければいけないかを明らかにしたうえで、徹底してグループで聴き合うようにした。適当に妥

協して済ませようとしたグループには援助の手を差し伸べながらも納得できるまで考えさせた。一部の子どもの考えだけで結論を出そうとしていたグループを見つけると、それまで聴くだけになっていた子どもの考えを引きだし、すべての子どもの考えによる聴き合いになるよう導いた。そして、何らかの事実が生みだせたときは、心から喜び、子どもたちを褒め讃えた。こうして子どもたちは、仲間の考えを聴いて考える聴き合う対話だと本当に学びが深まるのだと知り、いつの間にか、対話における探究を楽しみにするようになった。そうなったときの子どもたちの顔はいつ見ても生き生きとしたものになり、教室の雰囲気は静かだけれど活気あふれるものになっていったのだった。

　学びが深まる対話は、必ず聴き合いになる。聴き合いは対話の基本なのだ。それには、すべての子どもが聴こうとする学級にしなければならない。そして、子どもの言葉の双方向性を築かなければならない。それは、マニュアル的な型で身につくものではない。探究する事実をつくりだし、その積み重ねで、子どもの心に染み入るようにして生みだしていかなければならない。教師はそう覚悟する必要がある。

3 対話的学びの場と教師のはたらき

　対話的学びをするには、対話が可能になる場を設けなければならない。

　対話的学びを行う場は、当然のことながら少人数でなければならない。現在、小中学校の学級編制の標準人数は40人である。都道府県による弾力的な運用が可能になっているので、傾向としてはやや少なくなってきているが、それでもそれは、対話的学びを行うには難しい人数である。「はじめに」で記したように、対話の基本は向かい合って言葉を交わし合う1対1なのだから、35人も40人ものすべての子どもが等しく参加して対話をするということはまず無理だと考えられるからである。もちろん、学級全員で一斉に学ぶ場も必要なわけで、そういう場における学び方もよりよいものにしていかなければならない。それはそれとして別途考えるとして、ここでは、子どもが主体的に取り組む対話的学びの場がどういうものであったらよいのか考えてみることにする。

　前述したように、対話の基本形は1対1だが、学校における「対話的学び」はどのような人数で構成するとよいのだろうか。1対1というとペアだが、ペアがもっともよいかというとそうとも言い難い。2人だと考えに深まりが出にくいからである。また、学級の人数を細かく分けることになるので、教師が見守り、対応するには複雑になり過ぎるということもある。そういうことから、対話的学びに適しているのは、ペアよりはもう少し人数の多いグループである。グループだと、複数の考えをつき合わせることができるし、ときには隣とだけ対話し、もう少し多くの考えとつき合わせたいときはグループ全員で、というように必要に応じて変化がつけられる良さもある。ただ、小学校低学年の場合は、数多

22

くの考えと聴き比べることが難しい年齢なので、身近な隣の子と対話するペアのほうがよいようである。低学年においてたっぷりペアの対話をすれば、その経験がその後導入するグループの対話で生きるということもあり、対話的学びの基礎として日常的に取り入れるようにするとよい。

　さて、対話的学びに適したグループの人数だが、そのことを述べる前に、大事なことを二つ述べておきたい。

　一つは、前述したことだが、「わからない」ことを尋ねることができるグループ、「間違い」に対して丁寧で温かい対応ができるグループでなければならないということである。間違っても、正解だけが幅を利かせ、よくできる子どもが一方的にしゃべるグループにしてはならない。

　もう一つは、グループで考えを一つにまとめないということである。一人の子どもがホワイトボードに考えを書いて、それがこのグループの考えだとして発表するというようなことはよいことではない。グループの全員がぞろぞろと教室の前に並んで、そのうち一人が説明するというようなこともよいことではない。それでは、すべての子どもの学びにはならないからである。グループにおける対話的学びは、一人ひとりの学びを実現するために行うものである。対話は、自分の考えとの擦り合わせである。だから対話をすれば、一人ひとりに自らの考えが生まれる。発表するのであれば、それぞれが自分はどう考えるようになったかを述べればよいのである。グループでまとめた考えは必要ない。むしろ、個々の子どもの学びの妨げになる、そう考えるべきである。

　この二つのことを頭において、グループの人数を考えてみよう。わからないことを尋ねるため、考えをまとめるのではなく自分の考えを見つけるために、どのくらいの人数が適当なのだろう。私は、４人がベストだと考えている。机を向かい合わせにして額を寄せ合うことのできる人数だからである。そのからだの近さが、前記の二つを可能にしてくれる。仲間の考えと比べるのに自分以外は３人という人数もちょうどよい。もちろん、学級の人数が４で割り切れないこともあるだろう。その場合は、

5人グループにするのではなく、3人グループをつくるほうがよい。そのほうが、本書で述べている対話がよりよいものになるからである。

　ところで、子どもたちがグループになって対話的学びをしているとき、教師はどういうはたらきをすればよいのだろうか。一言で言えば、子どもたちの学びを促進し、それを深まりにつなげるはたらきをするということだろう。しかし、実際の授業を見ていると、そう考えているはずなのに真逆のことをしているケースがある。

　陥りやすいのは、グループに近づいて話しかけるという行為である。少しでもよい学びにしたいという思いがこういうことになるのだろうが、これはほとんどの場合、対話的学びの邪魔になっている。大事なのは、子どもが対話をすることなのに、横から教師が口をはさんでいるのだから、それは余計なことだと言わざるを得ない。指導しなければという教師の体質がこういうことになるのだろうが、実は、よくしゃべる教師の授業ほど子どもは探究的にはならず学びも深まらない。大切なのは、まずは子どもの学びを「見守る」ことであり、「待つ」ことであり、子どもの気づきと深まりを「とらえる」ことである。

　もちろん、教師が声をかけなければいけないことがないとは言えない。4人なのに1人だけ輪に入れない子どもがいるグループ、陥ってはいけない方向に進みかけているグループなどを見つけたら、即座にかかわらないといけない。どういうかかわりをするかは状況によるが、大切なのは「つなぐこと」と「支えること」だろう。子どもと子どもをつなぐ、子どもと課題をつなぐ、子どもの不安定な気持ちを支える、それが必要なのであって教えることではない。

　教師がしっかり説明しなければならないのは、課題提示のときである。グループにする前に行った説明をグループ学習に入ってから補わなくてもよいよう、明確に話しておくことである。この課題提示についてはこの後詳述する。

　そして、いざグループ学習が始まったら声をかけないことである。し

かし、それは何もしなくてよいということではない。行わなければならないのは、「見守る」ことと「待つ」ことだと前述したが、どう見守り、何を待つのかが重要である。

どう見守るかについては、とにかく子どもの対話の邪魔をしないことである。すぐ「先生！」と教師を呼ぶことが習慣化している学級があるが、この体質は早く修正したい。もちろん尋ねてくる意欲を否定するのではなく、自分たちで考え抜くことの楽しさと良さが実感できるようにしていくことだ。そうしてすぐ教師を呼ぶ体質が消えれば、そっと子どもたちの対話に耳を傾けるとよい。そして、一人でも多くの子どもの考えを聴くことである。子どもと子どもの考えのつながりにも注意を払うことである。

そのとき、教師は、自分の教えたいことをだれが考えているかという待ち方をしてしまいやすい。しかし、それは待ち方の半分以下にするとよい。大切なのは、いったい子どもたちはどう考えるのだろうという待ち方だ。そういう待ち方をしないと、子どもの「わからなさ」や「間違い」に寄り添えないばかりか、教師の予想を超えた素晴らしい発見・発想が受けとめられないからだ。

授業はシナリオどおりに行うものではない。子どもの考えは、授業の場でどうなるかわからない不確実性を帯びている。授業は、そういう不確実性を超えてその場でつくりだす創造的な行為である。難しいことだ。けれども裏返して考えればそれだけに魅力に満ちていると言える。

子どもが表出してきたものに対して教師がどう対応するか、そのことについても、後述しているのでそちらを読んでいただくとして、対話的学びをするグループの学びの際の教師の「見守り」は、その後の学びを大きく左右する。見守りながら、子どもの状況に基づいたその後の深まりがイメージできたらどんなによいだろうか。「静」を漂わせて耳を澄ます教師の頭のなかが「動的」に思考している、それが対話的学びを促進する教師のあるべき姿なのだろう。

4 対話とからだの向き・目線

　ランドセル商戦が始まる時期、テレビに1年生の教室風景が映し出される。そのすべてが子どもの机を前向きに整然と並べた教室だ。ということは、日本人の教室のイメージはこういうものであり、こういう教室が全国津々浦々に依然として存在していることを表している。正直に言う。私はそれが不思議でならない。

　すべての席が前向きに並んでいる場所としてすぐ思い浮かぶのは劇場とかコンサートホールなどである。そこはなぜそういうふうになっているかと言えば、ステージで行われる演劇や演奏、あるいは講演やトークなどを、客席のすべての人に届けるためである。そこでは、発信するのはステージ上の人物であり、客席にいる大勢の人はすべてその発信を受ける側である。つまり、客席の反応を受けとめた演奏なりトークなりをしているとしても、発信者と受信者の関係はステージからの一方向なのである。

　子どもたちが学ぶ教室は、基本的にはそういう場ではない。子どもは単なる受信者ではないからである。もっと厳しく言えば、受信するだけにしてはならない。教師の教えを受け取るだけでは学びは深まらないからである。もちろん、教師が魅力的な発信者となって子どもたちを魅了するときがあってもよく、そういうときは机をすべて前向きに並べてもよいだろう。しかし、それは、どちらかと言うと特別な場合であって、通常は、教師と子どもの発信と受信の関係を一方向にしてはならない。

　もちろん、前向きの机配置でも、教師から子どもへの一方向だけでなく、子どもから教師への発信もできる。しかし、問題は子ども相互の関係だ。前向きの机配置では、子どもがアクティブにかかわり合う関係は

第Ⅰ部　対話的学びの要諦

つくれない。つくったとしても中途半端なものになる。それではすべて
の子どもの学び合いにはならない。教師であればだれでもわかることで
ある。にもかかわらず、相変わらず前向きの並べ方を変えようとしない
体質が存在している。それは、対話をするときのからだや目の向きを軽
く考えているからではないだろうか。

　コミュニケーションや対話について書かれた書籍が数多く出版されて
いる。それらは、もちろん、学校教育におけるものだけでなく、すべて
の人と場に共通するコミュニケーション・対話について記されたもので
ある。そうした本を読んでみると、人と人とが対話するときのからだや
目の向きについて記されていることに気がつく。たとえば、伝統的な文
学形式である「連歌」を行うとき、その座った形が互いにからだを向け
合う円座になっていて、人は昔からからだを向け合って対話してきたの
だとか、目と目が合うアイコンタクトが重要だとか述べられている。
　よくよく考えてみれば、書籍に書かれているからということでなく、
人はだれでも、大切な相手と真摯に語り聴き合おうとするとき、当たり
前のようにからだを向け合っている。視線を交えない関係では、気持ち
のすれ違いが起きてしまう。どこを向いていても気持ちを向き合わせる
ことはできると言う人もいるけれど、そういう人は、からだと内面との
関係、からだと対話の関係を安易に考えているのではないだろうか。か
らだが向き合っていないときに交わされる言葉は、人と人とをつなげた
り、学びを深めたりする誠実で真摯な対話にはなりにくいのだ。

　前述したことだが、対話を学級全員の多人数で行うことは難しい。そ
の対話になりにくい全員による全体学習において、子どもの机をすべて
前向きに並べて授業するということは、その難しさを増幅させているよ
うなものだ。一斉指導方式が当たり前だった頃ならまだしも、21世紀に
なった今でも前向きの並べ方が一般的だというのだから不思議なことで

27

ある。

「学び合う学び」を実践する教師は、グループやペアで学ぶ場を多く設定しながら、全員で一斉に学ぶ場面では机をコの字に並べている。すべての子どもが完全に向かい合うということにはならないけれど、何人もの仲間と向かい合う席の並びは、ともに考え合うという意識を子どもたちにもたらす。考えてみれば、このようなコの字型、そして円座という席の設け方は、社会において昔から当たり前のように行われてきたことである。

なかには、一日中グループにしている人もいる。つまり、その教師は、いつも仲間と学び合い支え合い考え合う、それが学ぶということだというゆるぎない信念を有しているのだ。だから、必要になればすぐ仲間との対話的学びが始められるグループにいつもしている、それが当然、そういう意識なのだ。

コの字型を取り入れる、ずっとグループにする、そのどちらにしても、これらの教室では、「学び合う学び」を行うとき、子どもたちのからだや目が、一律に何分もの時間、黒板の前にいる教師に向けられることはない。「対話的学び」を本気で行おうとすれば、互いのからだを向かい合わせにしてアイコンタクトがとれるようにする。これは自明のことである。

机の並べ方についてもう一つ忘れてはならないことがある。それは、子ども同士のつながりがなければ安心して学ぶことはできない子どもがいるということである。特に、小学校低学年において顕著である。

じっとしていられない子ども、絶えずからだをぐにゃぐにゃさせている子ども、教師の話を聴こうとしない子ども、友だちと同じことがすっと始められない子ども、そういう子どもがいる。なかには、座っていられなくて、立ち歩いたり、教室から出ていこうとしたりする子どももいる。そういう子どものいる学級の教師はそれらの子どもに懸命にかか

わっている。けれども苦労の割には子どもの状態が変わらないことが多い。

あるベテラン教師がそういう子どもが何人もいる学級を担任して苦労していた。それが、あることを契機にほとんどの子どもに落ち着きが生まれた。それは劇的とも言える変化だった。その教師がしたこと、それは、どんなときでも、ペアの相手と２人で学習するということだった。さらに素晴らしいのはどのペアがどのようにしているかがだれからも見えるように向かい合わせのコの字型の机の並べ方にしたのだ。そうすることによって、ペアで支え合う学び方がまたたく間に学級全体に広がった。こうして、この教室にはひとりぼっちになっている子どもは一人もいなくなった。どの子どもにも、自分に向き合い、自分に視線を向けてくれる友だちがいる、そのつながり感がすべての子どもの気持ちを安定させたのだ。

気持ちを安定させて意欲的に学ぶ子どもの状態は、教師の子どもたちへの向き合い方によって生まれる。子どもにとって教師の存在は大きい。しかし、どれだけ教師が子どもにかかわっても、それだけで変わることのできない子どももいる。そういう子どもは同じ教室で学ぶ仲間とのつながりを実感したとき、その教室で生活すること、学ぶことに安心感と期待感を抱くようになる。子どもは子ども同士の間に流れる互いの存在やつながりのありなしを肌で感じているからだ。教師は教師としてどの子どもに対しても深い思いを注がなければならないが、子ども相互のなかでつくられるものにもっともっと気を配らなければいけない。

子どものつながりが生まれている教室では、子どもの視線は教師にだけ向けられていることはない。子どもたちは、互いに視線もからだも向け合い、気持ちも向け合い、わからなさも自分にない考えも尊重し、そこから学び合っている。

子どもにとって必要なのは、子どもと子どもの間のそういうつながりなのだ。そのつながりに代わるものは、どんなに努力しても教師では生

みだせない。それほど子どもと子どものつながりで生まれるものは子どもの心に響くのだ。にもかかわらず、子どもと子どもをつなぐことにそれほど心を砕かない教師がいる。そしていつまでたっても教師に向けて机を並べさせている。なかには、一人で頑張れる子どもにすると言って一人ひとりをバラバラに座らせている教師もいる。

　どうして日本の学校は前向きの机の並べ方から抜けだせないのだろう。私の考えは特殊なものでも、突飛なものでもない。だれだって対話をするときはからだや目を向け合っているのに、どうしていつまでたっても教室の風景が変わらないのだろう。この不思議さ・違和感が解消されない限り、日本の教室に「対話的学び」は育たないのではないだろうか。

第Ⅰ部　対話的学びの要諦

5 魅力ある課題が対話的学びを深める

　「対話的学び」は、探究する学びを何度も経験しなければよりよいものにはならない。年に数度行うだけでできることではない。つまり、日常的な取り組みが必須なのだ。その日常化のため、どのようなことが必要かについてはここまで述べてきたとおりである。しかし、大切なことがもう一つある。それは、「対話の基本的事項」❻で述べた「学びの対象（テキストや課題）」である。教えられる勉強ではなく、子どもが探究する学びにしていこうとすれば、何に向かって、何を求めて、何に挑むかという対象がなければならない。その対象が魅力的なら探究心・学び心は高まるにちがいない。

　子どもが向き合う対象、それは授業においては「課題」である。そして、その課題を子どもの前に持ちだすのはほとんどの場合教師である。となれば、教師がどういう課題を準備するか、そして、その課題をいかに魅力的に提示するか、そこに、対話的学びを豊かにできるかどうか、そして学びを深めることができるかどうかの鍵があると考えなければならない。つまり「主体的・対話的で深い学び」は、「課題」の良し悪しに左右されているのだ。

　課題はその教科の学びにとって本質的なものでなければならない。当然のことである。教科書はその教科の専門家が十分な検討を重ねて作成したものであるから、教科書の問題をそのまま取り上げれば、子どもが学ぶ材料として成り立つ。にもかかわらず、子どもが意欲的に取り組めなかったり、子どもの学びが深まらなかったりする事例が後を絶たない。なぜだろうか。

　真っ先に考えられるのは、教師が教科の本質をとらえていなかったの

31

ではないかということである。よい題材で授業したとしても、それでは子どもの学びをよりよくできるわけがない。その題材は、その教科の学びにとってどういう価値を有しているのか、何をどう探究していけば本質的な学びになるのか、そういったことをかなり専門的にとらえておかなければならないのにそれが不十分だったのだ。

　次に考えられるのは、その学級の子どもの状況に即して課題提示ができていなかったのではないかということである。子どもは、どの学校でもどの教室でも同じであるはずがない。授業という営みは、唯一無二の学級において、唯一無二の存在である教師が行う唯一無二の行為である。だから、授業は、特定の状況で生みだされる創造的なものになる。その認識がなく、教科書に当てはめ、教科書のまま機械的に指導すれば、学ぶ意欲も深まりも生まれてくるはずがない。学びの対象に対する教師の見識と努力なしには子どもの学びを引きだすことはできないのだ。

　教科の本質についての研究と準備を行い、それをそれまでの子どもたちの学びの状況とつなげたとき、子どもを学びへ誘う課題が姿を現す。私の経験上、それは、ほとんど教科書どおりではない。たとえ教科書に掲載されているものであっても、子どもたちに合うようにアレンジされている。つまり、教師による「手づくり」の課題になっているのである。「手づくり」課題にはその学級の子どもの学びが想定されている。教師の子どもたちへの期待感が満ちあふれている。授業をする教師の血が通っている。そういう課題なら子どもたちが夢中になる。

　その際、もう一つ述べておきたいことがある。それは、すべての子どもが学びに参加しすべての子どもが取り組めるようにしたいからといって、課題のレベルを安易に下げないほうがよいということである。比較的やさしい課題ならだれもが取り組めるから子どもはやる気を出すのではないかと考えがちだがそれは間違っている。むしろ、やさし過ぎると子どもは夢中にならない。人は、やさしいことではなく、難しめのことのほうが意欲的になる、夢中になる。子どもであっても同じである。人

が有している向上心を信じたほうがよい。

　けれども、そのような難しめの課題を出したら取り組もうにも取り組めない子どももいるのではないかと危惧する人がいる。そういう人に対していつも私が言うのは、だから「学び合う学び」が必要だということである。一人ひとりが自分をひらき、わからないことがあれば尋ね、尋ねられたら寄り添ってともに考える、そのように対話的に学び合う場があるから、だれもがややレベルの高い課題に挑むことができるのである。

　小学校2年算数「かけ算」の授業で、教師は、箱に入った実際のクッキーを見せながら課題の提示を行った。それは図のように、縦に3列、横に5列にクッキーを並べたものだった。学習していた単元がかけ算

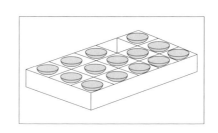

だということはわかっているから、子どもたちは、クッキーの数をかけ算で計算する問題だと察していたにちがいない。それにしてはこのままだと簡単すぎる。先生がこんな簡単な問題を出すはずがない。そう思った子どもだろう、箱の厚みに気がついた。そしてつぶやいた「何段かある！」と。その声に対して教師はにこにこしながら、「何段だと思う？」と尋ねる。そうして、一つのマス目のクッキーを一枚一枚取って見せる。こうしてこの箱にはクッキーが4段入れられていることがわかってくる。ということは、上から見える縦横の数をかけ算するだけでなく、それを4段にするためにさらなるかけ算が必要になるということだ。

　しかし、教師の提示しようとしていた課題は、まだまだこんなものではなかった。一番上の列の右から二つ目のマス目が空っぽになっているところがそのことを示している。当然、子どもがそのことに気づかないわけがない。そこで、教師は「あんまりお腹が空いたからここは先生食べちゃいました」と説明する。そして、さらに畳みかけるように、「実は、ここも、ここも……、この列だけいちばん上の段のクッキー、一枚ずつ

食べたんです」と言って、一番上の列の、右から2マス目以外がすべて3段になっていることを数えてみせる。こうしてこの時間の課題、「いま、この箱に入っているクッキーは何個ですか」が確定したのだった。それは、何回ものかけ算が必要なだけでなく、たし算やひき算までもしなければならない複雑な課題だった。しかし、この後、子どもたちが、ペアになって夢中になって取り組んだことは言うまでもない。

どれだけ対話的な学び方を指導しても、レベルの低い課題、魅力のない課題だったら、子どもは夢中にはならない。対話する必要がなくなるから対話的学びは長続きしない。対話によってどこまでも考え続けようとする子どもの意欲は、それに値する課題が提示されるから生まれるのだ。魅力的な課題は対話的学びにとって、学びの深まりにとって不可欠なものである。

課題について、もう一つ言っておかねばならないことがある。それは、課題は1時間の授業にいくつもあるものではないということである。教師が繰りだす発問のようなものとははっきり区別しなければならない。

いくつもの発問を次々と出して子どもに答えさせる授業は、教師主導の「一問一答」になりやすい。そういう授業では、子どもは教師の問いに答えるだけになる。それは、決して子どもが主体的に取り組む学びではない。「主体的・対話的で深い学び」では、子どもが自ら課題に取り組む。しかも、一人ひとり別々にではなく、仲間と対話的に取り組む。グループの仲間とたっぷり聴き合い考え合う。そのような学びに課題はいくつも必要ない。必要なのは、グループの仲間と夢中になって取り組める課題だ。

教科の本質に迫る内容の濃い課題を限定した数だけ提示して、子どもたちにたっぷり取り組ませる授業、対話的に取り組ませる授業、それは、一人の教師が大勢の子どもを対象に、一律に、発問し板書してわからせていく「一斉指導型授業」とは全く異なる。つまり、「主体的・対話的

で深い学び」は、これまで日本の学校で長く行われてきた「一斉指導型授業」からの転換・脱皮を必要とする教育改革なのである。教師は、そう自覚する必要がある。その自覚なしに、「主体的・対話的で深い学び」の実を上げることはできない。

6 子どもの学びが「みえる」教師に

　子どもが思考し探究すれば、そのとき子どもの内にさまざまな状況が生まれる。こうなのではないかという気づきも斬新な発想も姿を現すにちがいない。逆にどう考えてよいかわからないという戸惑いや、考え違い・間違いも出てくるだろう。教師が大切にしなければならないのは、わかる・できるという結果を急ぐことではなく、子どもが取り組むときに生まれるさまざまな状況に対応することである。それは学びの過程を重視することである。人は、結果ではなく過程を生きることで成長する。

　教師は、「どういうことだろう、こうではないか、こうすればどうなのだろう」と行きつ戻りつしながら思考・探究する子どもの学びの過程を見守る。子どもの考えを尊重して待つ。そのとき、どれだけ子どもの声に耳を澄まし、子どもの表情を見つめ、子どもの考えの「今」とその子どもの思考の「ゆくえ」をとらえることができるかだ。

　もちろん、「主体的・対話的で深い学び」は子どもに任せっきりにする教育ではないから、子どもの学びの「ゆくえ」を見定めたうえで、子どもの学びの進展を図る手を打たなければならない。それがなければ学びの深まりがあやしくなるからだ。

　当然のことだが、教師が持ちだす題材やテキスト・課題には、教師の考える学びの方向がある。それなくして子どもの学びは生まれない。しかし、課題をもとに思考し探究し発見していくのは子どもである。自らの知識と知恵により、仲間とともに、よりよいもの、より深いものを探していく、その過程で、ここぞというときに教師のかかわりが必要になる。教師はその瞬間を見逃さないよう努めなければならない。

　小学校5年体育「陸上競技・リレー」の授業。教師が子どもたちに示

した課題は「時間を縮めよう」。ペアの相手にバトンをつなぐため一定の距離を走る、そのときかかる時間を短縮する、その取り組みでバトンの受け渡し方が改善できる、それがねらいだ。取り組み始めて３時間目の後半、教師は、それまでずっと同じだったペアの相手を替えるという新たな手を打つ。よく考えられた展開だ。こうして再び子どもたちの取り組みが始まる。授業の最後に、教師は子どもたちを集める。そして、受け渡しの相手が替わってどうだったかと尋ねる。ここで明らかにしなければならないのは、相手が替わったことでどこをどう工夫したかだ。走り出しのタイミングなのか、バトンを受ける際の手の位置や拡げ方なのか、声のかけ方なのか、それともバトンパス時の双方の走るスピードなのか、それらに気づくことで、「リレー」の技術は、相手に合わせ相手と心一つに取り組まなければよりよくならないということがわかってくる。学びの深まりは、そこまでの事実と発見を引きだせるかどうかにかかっている。学びの深まりを目指して子どもの取り組みをよくみている教師ならそれができる。

　小学校１年国語「どうぶつの　赤ちゃん」という文章を読む授業でのこと。カンガルーの赤ちゃんについて書かれた部分を読んでいたとき、一人の子どもが「なぜ、袋の中にお乳があるの？」と尋ねてきた。そうこうしているうちに、子どもたちから「カンガルーの赤ちゃんは１円玉ぐらいの大きさだと書いてある」という声があり、それを受けて教師が本物の１円玉を持ち出したとき、「大きさじゃないよ、重さだと書いてある」と本文を示してきた子どもがいた。この２人の子どもの疑問と指摘は、それぞれは単独の点のようなものである。けれども、この二つを関連づけると確実に読みの深まりにつなげられる。赤ちゃんがお乳を飲みに袋まではい上がる本能的な育ち方にとってからだの軽さはなくてはならないことだからである。それは、カンガルーの前に読んだライオンやしまうまの赤ちゃんの育ち方と異なることであり、その違いから動物特有の育ち方についての学びを深めることができる。授業の場で突発的

に出てきた子どもの気づきを咄嗟にとらえて深める手を打つ、それは言葉ほど簡単なことではないけれど、それができたらどんなに素晴らしいだろうか。それには、この二つのつながりが教師に「みえる」ことである。

　子どもの学びがある程度進行してきたとき、あるいは佳境に達してきたとき、教師としてどう学びの方向を創りだし、深まりに誘うかの判断が極めて大切だ。それは、どうすれば可能になるのだろう。もちろんこうすればよいという処方箋などない。子どもの学びの事実は、それぞれの教室によって異なるし、たとえ毎日ともに過ごしているよく知った子どもたちでさえ、どう考え、どういう学びをしてくるかはその日の授業になってみなければわからない。つまり、「リレー」や「どうぶつの赤ちゃん」の事例のような判断は、即興的瞬間的なものなのであり、そこにマニュアルめいたものはない。難しいことである。

　その難しい咄嗟の判断をし、的確な手を打つには、教師にとって何が必要なのだろう。それは、私自身、若いときから一貫して求め続けてきた「みえる」ということである。

　テキストの中身がみえ、そのときどきの子どもの考えがみえ、子どもの考えと他の子どもの考えのつながりがみえ、子どもの考えとテキストの内容とのつながりがみえ、そのようにみえた授業の「今」がみえ、そのうえで、これから先の「学び」のゆくえがみえ、そのとき、どういう手を打つべきかがみえる。私は、そういう諸々のものが「みえる」教師になりたいと願い歩んできた、今のように「主体的・対話的で深い学び」と叫ばれていなかった時代から。子どもが取り組み発見していく学びの実現には、教師である自分に「事実がみえる」ことが不可欠だと思ったからである。私がずっと求め続けてきたそのことが、今の教師たちにとってもっとも大切なものとして浮上してきたのだ。感慨深いことである。

第Ⅰ部　対話的学びの要諦

7 「みえる」専門性を養う対話的授業研究

　要諦の最後に、教師の授業研究のあり方について述べておきたい。それは、対話的学びを可能にする授業研究は、これまで行われてきたものとかなり異なるからである。わかりやすく指導するにはどうすればよいか、できる力をつけるにはどう指導すればよいかというように「教え方」に偏った授業研究では「対話的学び」は育たないし、子ども自身による「深い学び」を実現することもできないからである。

　対話的学びは、それぞれの教科において、子どもたちが取り組む学びである。テキストや課題と対話し、仲間と対話し、自分自身と対話しながら、子どもたち自身で思考し発見していく学びである。しかし、それは子どものやりたいように任せておく学びではない。子どもたちで取り組めるよう仕組み、見守り、支え、ここで深めることができるという肝心のところで手を差し伸べる、そういう教師のはたらきは欠くことができない。ただ、そのはたらきは、従来のような「教える」というものではない。もちろん教えなければいけないことは躊躇なく教えるのだけれど、その教えたことは子どもが取り組んでいくときに生かされるものでなければいけない。もともと教育は子どもが自ら生きていくために行うものなのだから当然のことである。教師のはたらきで重要なのは、自分の教えたいことを教師主導で教えわからせることよりも、子どもの思考に即して、その思考が深まるように支え、方向づけるものだと考えるべきである。

　さて、そういう教師のはたらきの熟達を目指すこれからの時代の授業研究は、どういうものになるとよいのだろうか。

39

授業研究は、すべての子どもの学びを深める教師の専門性を高めるために行うものである。研究授業として行うその1時間だけをよい授業にするためではない。だから、当然、あまり重要でもないことをあれこれ検討するよりも、教師の専門性としてもっとも大切なことに焦点を定めて行うのが望ましい。

　そのもっとも大切なことこそ、子どもの学びの事実が「みえる」ことである。学ぶのは子どもであり、教師はその子どもの学びを促進し深めなければいけないのだから、学んでいる子どもの事実がみえなければどうにもならない。

　ただし、子どもの学びの事実が「みえる」ということは簡単なことではない。学びは一人ひとり異なるし、一人ひとりの学びの状況は常に教科・題材の内容と関連しながら時々刻々とさまざまにゆれ動くからである。厄介なのは、教師の予測を超えた思いもしない考えを出してくることである。予想だにしなかったところでわからなくなってしまう子どもが生まれるなど想定外の状況が現れることもある。それらのことが授業の表面に浮き出てくるときはまだよいが、多くの場合、そのほとんどが子どもの内に埋もれていて姿を現さないことが多い。だから、何人もの子どもを対象にして実施する授業の場で、そういった諸々が「みえる」ということは大変なことなのである。

　しかし、そのうちのかなりのものがみえなければ「主体的・対話的で深い学び」はよりよいものにはならない。だから教師は、なんとしても、今日よりは明日、明日よりは明後日と、「みえる」教師を目指さなければならない。けれども、そのためにこうすればよいという特効薬はない。だから、多くの教師は、それが大切だとわかっていても、手をこまねいてしまっている。

　授業研究はその困難さを乗り越えるために行うものである。特に、学校において行う校内研修は、「みえる」教師に育つために重要である。自分の授業を同僚など他の教師に「みてもらう」ことができるからであ

る。そんなことをしなくても、自分でこつこつ実践すればよいではないかと言う人がいるかもしれないが、人は自分で自分のことはみえないものである。他人のことはいろいろとみえるのだけれど、灯台下暗し、自分のことはかなりみえていない。授業をしている自分をリアルタイムでみることはできないということもあるけれど、それ以上にみえない原因として大きいのは、自分の持っている実力以上のものはみえないということだと言える。

だから、他者の目でみてもらう必要がある、回数多く継続的に。それには同じ学校に勤める同僚がいちばんよい。もちろんあの人から学びたいと思う先輩教師がいたら頼みこんででもみてもらうとよい。そうしないと、「みえる」専門性を養うことはできない。

同僚以外に深く信頼する、憧れを抱いている人がいないだろうか。もしそういう人がいて、みてもらうことができたら、後々までも残る大きな財産を得ることになる。自分や自分の周りの教師たちでは気づくことのできないコメントが得られるからである。そういう機会はそんなに簡単にはみつからないだろう。けれども、いつも虎視眈々とそのチャンスをねらって待つことである。

学校内で行う授業研究のあり方についてもう少し述べておこう。

対話的学びを実現するために必要な教師の専門性は、学びが「みえる」ことだ。そして、その専門性を高めるには、授業を他者の目でみてもらって学ぶべきだ。だから、そういう授業研究が学校内で継続的に行われることが望ましい。そう前述した。

研究授業を伴う授業研究はわが国では歴史的に長く行われてきた。それは日本の学校文化のようになり、全国津々浦々どこの地域に行っても、今もって行われていることである。この伝統はなくしてはならない。

ただ、授業研究の手法・内容については見直しが必要なのではないだろうか。

学校内で行う授業研究には授業の前に行う事前研究と後で行う事後研究とがある。どちらも大切だということに異論はない。事前研究では、授業で取り上げる教材についてさまざまに議論するところに意味がある。授業をする教師が気づかなかったこと、曖昧だったこと、ひょっとすると誤ってとらえていたことなどが明らかになるからである。しかし、事前研究では、学びが「みえる」ことについては研究できない。みえなければいけない中身は、授業の事実にしか存在しないから、授業前に具体性のある検討はできないのだ。

　事前に指導案検討をする学校がある。これから実施する授業をどのような手順で、どのように行うかを仔細に検討するのである。授業研究に熱心な学校が陥りがちなことだが、私は、こういうことには賛成できない。教材研究はどれだけ協同で協議してもよい。けれども、どう授業するかは、その学級の子どものことを深く知らない者にわかるはずがないからである。もっともよくないのは、誇張した言い方で言うので申し訳ないが、何人もの教師が寄ってたかって一つの指導案をつくり上げるということである。いったいだれの授業なの？ということになる。

　なぜそういうことをしてしまうのか。それは、よい授業、失敗しない授業を目指しているからである。もちろん子どもがよく学べる授業を目指すことは間違いではない。しかし、大勢で授業展開を策定すると、その学級の子どものことをそっちのけにして教師の思惑だけで組み立てることになりやすい。そういう意味で、何人もの教師で行う指導案検討はよいことではない。

　とは言っても、どうしていったらよいか迷ってだれかに尋ねてみたくなることがある。そういうときは、尋ねてみたい教師に自ら相談をすればよい。集団で議論することではない。

　では、学びが「みえる」という専門性を養うにはどういうことが大切なのだろうか。それは、実施した授業の事実を仔細に検討することである。そこに、子どもの学びの事実があるからである。よい授業、失敗し

ない授業を目指す教師からすれば、それでは授業は終わっているではないかということになるのだろうが、学びを「みる」ためには、子どもの学びの事実がなければ検討も見直しもできないのだ。だから、その授業は終わったけれど、こうして研鑽を積むことで、これから行う授業につながっていくと考えればよいのだ。どんな職業でもそうだが、専門的技量というものは経験でしか高めることはできない。授業研究で重要なのは事後研究なのである。

さて、その事後研究では、大勢の教師で参観した授業について協議することになる。その協議のあり方や内容についても見直したほうがよいことがある。

それは、参観した教師それぞれが出し合うことを、教師の指導技術ではなく、子どもの学びの事実から始めるとよいということである。どこで学びが生まれたのか、それはどういう意味でよいと思ったのか、子ども同士の学びのつながりはどういうつながりで、その結果どう学びが深まったか、それを語るのである。逆に、どこで学びが滞ったのか、それはどういう意味で停滞したのかといったことも語る。なぜ、教師の指導ではなく、子どもの学びから検討するのか、それは、それをとらえることこそ学びが「みえる」ことにつながるからである。参観者の教師も、子どもの学びの事実をみようと努め、みえたことを語るから、自分の授業でなくても「みえる」ことを養うことになるのである。

授業研究は、授業者だけでなく、参観するすべての教師の授業づくりにならなければいけない。そして、対話的学びを目指すために子どもの学びが「みえる」専門性を目指さなければならない。それは、行われた授業の事実を仔細に検討する事後研究からしか養うことはできない。だから、教師の指導技術ではなく、子どもの学びの事実を出し合い聴き合うことが大切なのである。

もう一つ、この協議には大切な意味がある。それは、こういう協議そのものが対話的学びだということである。その協議にすべての教師が参

加するには、グループ協議を行うとよい。そうすれば、子どもたちにやらせている対話的学びを教師自身が実践・経験することになるからである。

　教師が日常的に、同僚と対話的学びを行っている意味は大きい。自分も行っていることだから、どうすることが大切なのか、どういうことに留意しなければいけないか、相手に対してどういう気遣いをしなければいけないか、「聴き合う」とはどういうことかなど、その難しさも大切さも感じ取ることができる。

　こうして、学校中のどの学級でも「対話的学び」が行われ、学校中のどの教師も「対話的協議」を行うようになると、学校全体が「対話によるつながりと深まり」の存在する場となる。そうなることの意味は計り知れないのではないだろうか。

　対話的学びは子どもだけにやらせておくことではない。学校が対話のあふれる場にならない限り、本物にはなっていかない。教師はそう考えるべきである。

第 **II** 部

学びを深める対話的学び

1

子どもの言葉が対話になるとき
—— 小学校3年国語「おにたのぼうし」の授業

　子どもたちの言葉が対話になるとき、交わし合う言葉につながりが生まれる。もちろんそこには共感も対立も生まれる。ときには混沌とした考えのなかをさまよったりもする。しかし、安易に妥協せず、互いの考えを擦り合わせていけば、それまでになかった気づきが生まれてくる。

　もちろん考えの異なりが大きくなることもある。しかし、相手への敬意があれば、互いの考えがどのようなものであっても、自らの考えを深く確かにすることができる。異質なものとの出会いが活発な思考を促すからだ。そうして自分一人では思いも及ばない気づきに行き着き、納得や喜びが生まれたり、ときには感動を味わったりすることになる。

　そのことを事実として示してくれた子どもたちがいる。津市立敬和小学校（落合正史校長）3年生の子どもたち。行われた授業は「おにたのぼうし」（あまんきみこ作）を読む国語の授業。授業をしたのは林弓さんである。

〔1〕授業「おにたのぼうし」の始まり

　「おにたのぼうし」は、小さな黒おにの子ども「おにた」の物語である。

　おにたは、人間の家の物置小屋にこっそり住んでいて、なくしたビー玉を拾ってきてやるとか、にわか雨のとき洗濯物を取りこんでおくとかする気のいいおにだった。しかし、節分の夜始まった豆まきを避けるため、住んでいた小屋を出ていく。そして、豆のにおいのしない家を見つける。その家に住んでいたのは一人の女の子。その子は、一人で病気のお母さんの看病をしていた。「おなかがすいたでしょう？」というお母

第Ⅱ部　学びを深める対話的学び

さんの声に、女の子は「あったかい赤ごはんとうぐいす豆を知らない男の子が持ってきてくれた」と答える。おにたは、それがうそだと見破るとすぐ夢中で外に飛び出していく。

　しばらくして、入り口をたたく音がして女の子が出ていくと、雪まみれの麦わらぼうしをかぶった男の子が立っていた。おにたである。「節分だから、ごちそうがあまったんだ」と男の子が差し出したのは、温かそうな赤ごはんとうぐいす豆。女の子の顔がぱっと赤くなる。

　この日の授業で読んでいたのは、その続きの次のような文章の部分である。

　女の子がはしを持ったまま、ふっと何か考えこんでいます。

「どうしたの？」
おにたが心配になってきくと、
「もう、みんな、豆まきすんだかな、と思ったの。」
と答えました。
「なんだって？」
おにたはとび上がりました。
「あたしも、豆まき、したいなあ。」
「だって、おにが来れば、きっと、お母さんの病気が悪くなるわ。」
おにたは、手をだらんと下げて、ふるふるっと、悲しそうに身ぶるいして言いました。
「おにだって、いろいろあるのに。おにだって——」
「へんねえ。」
女の子は、立ち上がって、あちこちさがしました。そして、
「このぼうし、わすれたわ。」
それを、ひょいと持ち上げました。
「まあ、黒い豆！　まだあったかい——」。

氷がとけたように、急におにたがいなくなりました。あとには、あの麦わらぼうしだけが、ぽつんとのこっています。

　授業は、一人ひとりがそれぞれのペースと読み方で全文を読む各自音読で始まった。その後、教師の指名した子どもが読む音読を2回、それが二度行われた。そして、前の時間までがどういう筋で、今、物語はどういう状況になっているかについてグループで確かめ合う時間をとった。短い時間だった。

　そうしておいて、いよいよこの時間に読み味わう場面に入った。当然、

47

林さんは子どもの音読から始める。指名を受けた２人の子どもがその場面の音読をする。読み深めは何度も文章にふれることからと考えている林さんは、さらに２人の子どもを指名してもう一度音読させる、「おにたになって聴いてね」と言って。
　音読が終わった。すると、たった一言、「じゃあ、お話、してください」と告げる。「読むのは子ども」なのだから、何度も音読して心のなかに生まれた読みを出し合い、聴き合うことから始めなければならない、そう考えているからだ。
　こうして、11人の子どもは、三つのグループに分かれて、互いの読みの擦り合わせを始めた。ここにそのうちの一つ、絢奈、浩也、外国につながる子ども・スミレという３人グループにおける対話の記録がある。

〔2〕素朴な気づきが対話のきっかけ

【絢　奈】　わかった！　わかった！　ここに「あたしも、豆まき、したいなあ」って書いてあるやろ。（スミレ「うん。」）そやから、おにたは……。

　グループにおける３人の対話は、絢奈の「わかった！　わかった！」という言葉から始まった。互いの机が向かい合わせになるのを待ちかねての言いだしだった。絢奈はどちらかというと言葉数の少ない子どもだということである。その絢奈がこんなにも勢いこんで言いだしたということは、聴いてほしくてたまらないことが生まれていたということになる。それはどういうことだろうか。
　絢奈が聴いてほしくてたまらなくなったこと、それはグループになる直前の音読の際に生まれたものにちがいない。このとき４人の子どもが

読んでいるが、そのうちの一人が絢奈だったからだ。それより前の全文音読のときに気づきかけていたかもしれないが、ほかの3人とともに、自ら声に出して読んだそのとき何かが彼女の心のなかに生まれたと考える方が自然だ。もちろん、その何回かの音読のうちに次第に鮮明になったということなのかもしれないが、どちらにしても音読で物語の文章にふれたことよって気づきが生まれたと考えられる。

　ところが、その絢奈の気づきはまだはっきりと言葉にできるほどには熟成されていなかった。「『あたしも、豆まき、したいなあ』って書いてあるやろ。そやから、おにたは……」と語りだしてその後が続かなくなったからだ。

　絢奈は、「そやから、おにたは」と言って言葉につまっている。ということは、彼女の気づきはおにたの何かだったということになる。物語ではここでおにたが消えていなくなっている。絢奈は、その消えていなくなったおにたの何に気づいたのだろう。

〔3〕そうだったのか！　驚くスミレ

【浩　也】　あのね、自分だけ豆まきしてないと思ったから、「あたしも、豆まき、したいなあ」って言って……、でも、おにたは鬼やからびっくりして、でも、女の子が「豆まきしたい」って言ってるから、そやからとけて……。

【絢　奈】　(何か小声で話す)

　絢奈の話が途中で途切れたのを受けて口を開いたのは浩也だった。彼は絢奈が語り始めた「おにた」がどういうことになったか読めていた。だから、女の子の「豆まきしたい」という言葉がおにたに強いショックをもたらしたことを語り、その結果とけていなくなったと言おうとする。すると、言葉が続かなくなっていた絢奈がこの浩也の言葉を聴いて小声

で反応する。「そう、そうなんだ」というように。すると、ここでもう一人のスミレが口を開く。

【スミレ】　女の子は貧乏やから、だから、女の子は豆まきしたくて、鬼が来たらこわいから。だから、おにたはいきなりいなくなって、それで、あの麦わらぼうしをとったら、持ち上げて取ったら、あの……黒い豆があった。
【絢　奈】　……（また何か話し出す。どうやら、麦わらぼうしの中に黒い豆を残してくれた男の子のことを女の子が神様だと思ったということを語っているようである）。

　スミレも女の子が豆まきをしたいと言ったことから話し始めた。そしてその後、男の子がいなくなって置かれていた麦わらぼうしをとったら黒い豆があったというこの場面の状況を話した。スミレの話し方は完全に女の子側からのものである。「貧乏やから」とか「鬼が来たらこわいから」とか言っているのは女の子に寄り添ってのものだし、その後の、黒い豆を見つけるまでのながめ方も、スミレの目線は女の子である。「そやから、おにたは」と言おうとした絢奈と、「びっくりしてとけて……」と語りかけた浩也と異なっている。それは、この時点のスミレが、絢奈や浩也のようにおにたの状況に身を置いていなかったことを表している。
　そんなスミレが、この後、大きな驚きとともに、おにたの側に身を移すことになるのだが、その引き金となったのが、何気なく話した麦わらぼうしの中の「黒い豆」だった。
　スミレは、この「黒い豆」がどういう意味を持つのかわかっていなかった。彼女は、おにたが「いなくなった」とき麦わらぼうしが残されていて、それを持ち上げたら黒い豆があったと、女の子の目線で描かれていることがらをそのまま語ったと思われる。
　すると、絢奈がそのスミレの言葉につなげるように語り始めた。小さ

い声なのでよくは聴き取れないのだが、ぼうしの中にあった黒い豆は豆まきをしたいと思っていた女の子にとってとてもうれしいもので、だから黒い豆を残してくれた男の子のことを神様だと思ったのだということを語ったものと思われる。おにたのことに心惹かれていた絢奈が、このように女の子のことについて語ってきたのだけれど、その言葉の裏には、女の子に「神様」と思わせたおにたのことを気にする絢奈の気持ちが透けて見える。

　そのときである。その絢奈の言葉を遮るように浩也が勢いこんで口を開いた。

【浩　也】　あの……その……豆まきがやりたかったから、だから、多分、それで神様やと思ったんやろ。

　浩也は、絢奈が「女の子が男の子のことを神様だと思った」と言いだしたので、我慢できなくなって、絢奈の言葉が終わらないうちに口を開いたのだ。それは、女の子が男の子のことを神様だと思ったということよりももっと目を向けなければならないことがあると思っていたからである。浩也がそれほど強く思っていたこと、それは、おにたがいなくなって黒い豆が残された、それはおにたがどうなったことを意味するのかということだった。どうやら、絢奈もスミレもそのことに気づいていないようだ。そう思った彼は、黙っていられなくなったのだ。彼は、次のように言葉を続けた。

【浩　也】　神様だと思っているけど、……おにたがいなくなって、黒い豆があったから、おにたが黒い豆。

　麦わらぼうしの中に残された黒い豆。その豆を残してくれた男の子のことを女の子は「きっと神様だ」と言ったのだけれど、その黒い豆が、

神様だと思われたおにた自身なのだ。浩也はそう言ったのだ。

　この言葉を耳にした途端、スミレがびっくりしたように浩也の顔を見た。そして、「ほんとに、そうなの？」と言わんばかりに浩也を指差し、興奮気味にこう叫んだ。

【スミレ】　おにたは、黒い豆！？

　スミレにとって、黒い豆がおにただとは考えもしないことだった。女の子に身を寄せるように読んでいたということもあり、おにたが女の子のために黒い豆を残していなくなったとだけ考えていたのだろう。ところが、浩也が「おにたが黒い豆」と言い切った。

【スミレ】　だから、豆なんや。なるほど。……っていうことは、おにたは……、鬼に放った豆なんや。

　浩也を指差し「おにたは、黒い豆！？」と叫んだスミレは、その後、そうだったのかというように「だから、黒い豆なんや。なるほど」とつぶやく。そして、それは、おにたが、女の子が鬼に投げる黒い豆になるということだと気がつく。ただ、スミレは、「そうだったんだ」という言い方をしているが、そのことを完全に了解していたわけではないことがこの後明らかになる。それは、この後の３人のやりとりを読んでいただければわかることだけれど、断言する浩也に対してスミレの考えはこの後ゆれ続けることになる。まさに対話によって生まれるものはどこまでも一人ひとり別々なのだ。それはそれとして、浩也は、スミレの「おにたは鬼に放った豆」という言葉に反応して、次のように語る。

【浩　也】　おにたは黒い豆やから、鬼を退治するために、鬼を投げつけるみたい。鬼を退治するためにおにたは黒い豆になっとって

第Ⅱ部　学びを深める対話的学び

　　　　　……、そやけどおにたって鬼やろ、おにたで鬼をやっつけとるみたい。

【スミレ】　でも、普通の豆やから、おにたが豆やから……、だから、ぼうしの中に黒い豆があったんや。

【浩　也】　あっ、確かに！

　黒い豆がおにただということは、どういうことになるのか、浩也は話す。「鬼を退治するために、鬼を投げつけるみたい」と。浩也は、その残酷さに気づいているのだろうか。それとも、物語の展開に奇抜さのようなものを感じているだけなのだろうか。どちらにしても、浩也にはこの場面の状況が読めている。

　ここでスミレが口にしたことが興味深い。彼女は、「でも、普通の豆やから」と言った。それは豆まきの豆は普通の豆のはずだという意味である。ところが、その直後「おにたが豆やから」とつぶやく。黒い豆がおにただということになると、女の子が手にしてまくことになるのは普通の豆とは言えない。けれども、おにたがかぶっていたぼうしの中に黒い豆があったということは、やはりおにたが黒い豆だと言える。だから、「黒い豆があったんや」と納得の声を漏らす。

　とにかく、浩也によって「おにたが黒い豆」と知らされた直後のスミレは、物語が描く思いもかけない状況のなかに一気に入りこみ、驚きに包まれている。

　ここで聴き逃していけないのは、そのスミレの言葉を聴いた浩也が、「あっ」と言ったことだ。角かくしにしていたぼうしの中に黒い豆があったということは、まさにおにたが黒い豆だということだ。おにたが黒い豆だということは浩也が言いだしたことだけれど、その浩也が、スミレの一言で自分の考えに確信を持った。そのときの思いが「あっ」というつぶやきとその後の「確かに！」というつぶやきに表れている。新たな気づきを得たのは、スミレだけではない。浩也もだった。対話は面白い。

53

ここで、林さんから声がかかり、グループの学びは終わりになった。

　授業後、子どもの対話によって生みだされるものの魅力を実感しながら、私のなかに強い思いが浮かび上がってきた。それはここまで読めた３人のこの後の読みを見届けたいということだった。私が思った見届けたいこととは次の三つだった。

　一つ目は、スミレが、おにたが黒い豆になったということをはっきり納得しているのかどうかということである。「普通の豆やから」と言っているということは、浩也の言葉で衝撃的に気づいたのだけれど、そうなのだろうと感じつつまだ逡巡しゆれているように思えたからである。

　二つ目は、絢奈のことである。そもそも３人の対話のきっかけは、絢奈の「『あたしも、豆まき、したいなあ』と女の子が言ったからおにたは……」という気づきだったわけだ。その後、浩也とスミレの言葉に反応していくらかの言葉は発しているが、彼女が、おにたが黒い豆だということも含めてどう感じるようになったかは表に出されていない。これはどうしても知りたいことである。

　そして、三つ目が浩也である。「黒い豆はおにただ」と確信している彼だが、黒い豆になったおにたの行動を浩也はどう感じたのか、それは語られていない。それを知りたい。もちろん、それは浩也だけのことではなく、スミレも絢奈も、おにたの行動をどう感じたのか、そこに文学の味わいが存在しているだけに見逃せないことだと思ったのである。

　それが、３日後に行われた授業によって明らかになる。

〔4〕対話は互恵的学びをもたらす

　３日後の授業、授業者の林さんの指示があって、子どもたちは机を向かい合わせにしてグループを組む。課題が出る。それは「氷のようにとけてなくなったおにたのこと、どう思った？」である。再び、３日前と

第Ⅱ部　学びを深める対話的学び

同じ３人グループの対話に耳を傾けてみよう。

　この日、対話の口火を切ったのは浩也だった。

【浩　也】　おにたは黒い豆になったやろ。投げられたから、おにたはおらんくなったやろ。福は内、鬼は外って、粉々になって、おにたはもうおらんくなったやろ。でも、それは、もう……。そやから、おにたは、もうおらんくなったけど、でも、女の子は気づいてない。気づかんと黒い豆を投げとったから、その子は、多分、まだ、鬼やとはまだ気づいてないから豆まきした。

【絢　奈】　それなら、鬼を投げとる。

【浩　也】　うん。そうやんな。

【スミレ】　うん、そうやで。

【絢　奈】　すごいもの投げて鬼を退治しとる。

【スミレ】　おにたは豆になったやん。で、投げられた。鬼が来やんようにな。でも、おにたは、……だから、だから、女の子が豆まきしたいから豆になって、……だから女の子はまだおにたが豆になったことはまだわからんの。それで、おにたがいきなりおらんくなったから、だから、さっきの子はきっと神様だわ、そうよ神様よってだから言った。

【浩　也】　このお話でさ、「とても静かな豆まきでした」って書いてあるけど、このお話に続きがあったら、この女の子、おにたのこと、ずっとさがしとると思うよ。

【スミレ】　そやな。

　子どもたちが林さんから問いかけられたのは「いなくなったおにたのこと」である。だから浩也は、「おらんくなった」ということを繰り返す。そして、いなくなったということは黒い豆になって女の子に投げられる

55

ということだと話す。こう話しながら浩也の頭に浮かんだのは、そのことを女の子は知らない、知らないから豆まきをしたということだった。

　この浩也の話で、3人の頭のなかは、「おにたのこと」ではなく、そのおにたを投げる「女の子のこと」に移った。絢奈が言う、「すごいものを投げとる」と。投げているのは黒い豆なのだけれど、それは、赤ごはんとうぐいす豆をくれ、豆まきをさせてくれたおにたなのだから、そこには黒い豆になって女の子に豆まきをさせたおにたの「こころ」があるわけで、そう考えれば投げているのは「すごいもの」なのだ。その絢奈の言葉に浩也もスミレも同調する。

　女の子が投げているものはすごいもの。けれども、女の子はおにたが豆になったとは知らない、そのことをスミレが語る。そして、知らないからこそ、女の子はおにたが扮した男の子を「神様」だと言ったのだと言う。3人は、黒い豆になって投げられるおにた、それを知らずに投げる女の子のことを自分のことのように感じ始めている。

　ところで、3日前に黒い豆はおにただったと知らされて驚いたスミレは、3日たって納得したのだろうか。ここまでの様子を見ると、そうなったように見える。しかし、この後、まだ迷っている様子が現れてくる。

【スミレ】　おにたは豆になったんやな？　でも、でも、おにたは投げられたんやな。おにたは逆にちっさくなって、豆にならんと、逆にちっさくなって、……ほら、だって、ぽつんと残ったやんか。だからきっとおにたは小さくなったんちがう？　豆と一緒に小さくなったから、ぽいって投げられて、雪のほうへ、そやで消えたんちがう！

　スミレは、しきりに「小さくなった」と言う。文章には、「急におにたがいなくなりました」としか書いてない。けれども、スミレは、いな

第Ⅱ部　学びを深める対話的学び

くなったのは消えてしまったのではなく、もっと言えば死んでしまった
のではなく、小さくなったのだと考えたのだ。まずは「おにたは豆になっ
たんやな？」と２人に尋ねてはいるが、そのうち「豆と一緒に小さくなっ
た」と言い始め、その豆と一緒に「ぽいって投げられた」のだと言うよ
うになる。つまり、おにたは豆になったのではないと言いだしたのだ。
スミレがこれほどまでに「おにた豆説」をいやがるのはどうしてだろう
か。

【絢　奈】　豆は残ってないんかな。落ちとったんやろ。

【スミレ】　おにたはかわいそう。だって外やで。

【浩　也】　豆はおにたなんやんな。

【絢　奈】　豆はおにたなんやろ。

【スミレ】　おにたはだんだんちっちゃくなった。

【絢　奈】　おにたは豆にかわった。

【スミレ】　だって鬼って何でもできるやんか。

【浩　也】　そうとは限らんよ。

【スミレ】　きっと、おにた、マジックできるんちがう。だってちっちゃ
　　　　　　くなったんやもん。

【浩　也】　……（何かつぶやく）

【スミレ】　だってそうやん。おにたは豆になったんやもん。

【浩　也】　家をやっとみつけたから……。

【絢　奈】　どうやって豆になったん。

【スミレ】　豆になったんとちがうんじゃない。だんだん、ちっちゃくなっ
　　　　　　たんちゃう？　一緒に持ったとき小さくなった。豆にならん
　　　　　　と。豆と一緒に……。

【絢　奈】　勝手に消えてったん？　勝手に豆になって消えてったん？

【スミレ】　ちがうちがう。

【浩　也】　女の子が言うた瞬間にちっちゃくなってちっちゃくなって豆

57

になって麦わらぼうしの中にかくれとった。

【スミレ】　そう、うちもそう思った。

　この3人のやりとりは、スミレが「おにた豆説」に懐疑的になっているから生まれたものである。スミレは言った「おにたがかわいそう。だって外やで」と。この言葉でようやく彼女が納得しないわけが見えてきた。絢奈が「落ちとった」と言ったとき、スミレはおにたが「おには外」というふうに投げられて、そして外に落ちた、その様子を想像したのだろう。スミレは、おにたが豆になってそうなることがかわいそうでたまらなくなったのだ。だから、おにたが豆になったというふうに考えたくなくなったのだ、認めたくないのだ。なんと心優しい子どもだろうか。

　そんなスミレに、浩也が「豆はおにたなんやんな」と言い切る。絢奈も浩也に同調する。けれどもスミレはそれには直接答えず、やっぱり「だんだんちっちゃくなった」と言う。それに対して絢奈は「おにたは豆にかわった」とわからせようとする。けれど、スミレは「鬼はなんでもできる」「マジックができる」と食い下がる。

　ところが、そのスミレも考えが右に左にゆれる。だから、おにたは豆になっていないと食い下がっているにもかかわらず「だって、おにたは豆になったんやもん」と言ってしまう。スミレの言っていることはちぐはぐだ。絢奈にもスミレのちぐはぐさがわかる。だから、「どうやって豆になったん？」と言って、豆になったとはっきりわからせようとする。するとスミレは、たった今、「おにたは豆になった」と言ったばかりなのに、「だんだん、ちっちゃくなったんちゃう？　一緒に持ったとき小さくなった。豆にならんと。豆と一緒に」と言って、やっぱり「おにた豆説」を否定する。

　スミレもきっとわかっているのだろう、おにたが黒い豆だと。けれども、そうだとすると、おにたがかわいそうでそれを認めたくないのだ。これは心優しいスミレの抵抗なのだ。おにたが豆だとわからせようとす

る絢奈、それに抵抗するスミレ、2人は膠着状態に陥った。

　そのとき、浩也が2人の間に割って入った。「ちっちゃくなってちっちゃくなって豆になって麦わらぼうしの中にかくれとった」と。

　スミレは、この浩也の言葉に救われた。浩也がスミレの言いだした「ちっちゃくなって」というおにたの消え方を持ちだして説明してくれたからだ。浩也の考えは、小さくなって「豆になった」ということだから、豆になっていないというスミレの考えとは違う。けれど、スミレはいかにもうれしそうに「そう、うちもそう思う」と言う。スミレは、浩也のスミレへの寄り添いによって「おにた豆説」への躊躇からようやく解放されたようである。

　対話を本気になって行えば、ここでスミレと絢奈がやり合ったような、考えのすれ違いも起きてくる。それを避けていては深まりは生まれない。ただ、互いに自説を主張し合うだけになると堂々巡りになり先行きが見えなくなる。こんなとき、浩也のように融和的に入ってくるだれかがいると、どちらが正しいかではない互いの考えを尊重し合う方向で落ち着いていく。

【浩　也】　それでだんだん豆になって、女の子がぼうしを取ったら豆に
　　　　　　なっとって、その豆を投げたってこと。
【絢　奈】　こういう意味？　こういう意味？　……なあ、なあ、麦わら
　　　　　　ぼうしの中でおにたがちっちゃくなって、生きとるんやろ、
　　　　　　まだ。

　浩也の融和的な言葉は絢奈にも変化をもたらす。絢奈が「こういう意味？　こういう意味？」と2人に語りかけた。この絢奈の語りかけ方は、そもそもいちばんはじめに「わかった！　わかった！」と語りだしたときと似ている。先ほどまではスミレとやり合っていたため勢いに乗りすぎていたけれど、彼女も、浩也の言葉で改めておにたの状況に目を向け

たのだ。絢奈には、じっと考えていて何かはっと気がついたことがある と堰を切ったように語りたくなる傾向があるようだ。そこが絢奈の良さ だ。

　何はともあれ、スミレとやり合っているときは、スミレの言う「ちっ ちゃくなって」ということを認めようとしなかった絢奈が、ここで「ちっ ちゃくなって生きている」と言いだした。しかも、スミレがもっとももい やがっていた「おにたが消える」ではなく、スミレにとってはうれしい 「生きている」ということまで言ったのだ。ひょっとすると彼女が堰を 切ったかのように言いたくなったのは、「豆になったけれど生きている」 ということではないだろうか。絢奈もおにたに生きていてほしかったの だ。やや意地になってスミレとやり合ってしまったけれど、そこから脱 出したときに「生きている」というもっともうれしいところに行き着い た。その気づきのうれしさが、絢奈の言い方に表れている。

【スミレ】　まだ生きとる。
【絢　奈】　豆にかわったん？
【スミレ】　そう。

　「生きている」という絢奈の言葉はスミレにとってうれしいものだっ た。だから即座に「まだ生きとる」と絢奈に呼応し、豆になったことも すんなり認める。スミレと打ち解けた絢奈は、ここから次々と気づきを 連発する。それが、スミレや浩也の気づきにもつながっていく、次のよ うに。

【絢　奈】　変身や。
【浩　也】　ぼうしの中に、ぼうしの中にちっちゃいおにたがおって、そ れで、ぼうしを取ったときにはもう黒い豆になっとった。
【絢　奈】　すごい‼

60

第Ⅱ部　学びを深める対話的学び

【スミレ】	だって、ほら、守ったらうちの人にほめられるし。ほんとやな、おにたはやさしいな。
【絢　奈】	やさしい鬼。自分の命を豆にした。
【浩　也】	だから、自分の命を豆にかえたんやろな。
【スミレ】	だって、女の子が貧乏やから女の子のためにやったんちがう。
【絢　奈】	あ！　貧乏やから「福は内」って言うた。
【スミレ】	ああ～。

　おにたはいなくなったわけではない。小さくなって小さくなって、生きたまま豆にかわった。変身した。3人でここまで語り合い聴き合って、そう絢奈の頭のなかにはっきりと描きだされた。そのとき絢奈の口から出た言葉は「すごい‼」だった。

　それに対して、スミレもちがう言葉でおにたのすごさを表現する。それは「おにたはやさしいな」だった。黒い豆になったのは女の子のためだとわかっているからだ。すると、絢奈もつぶやくように言う「やさしい鬼。自分の命を豆にした」と。

　この対話の流れをながめて気づくのは、発端はスミレの「ちっちゃくなって」だったということである。最初は小さくなるのは豆になるからなのか豆と一緒におにたが小さくなるからなのかが論点だったため読みが滞ったのだが、浩也の融和的な一言で吹っ切れた後は、「小さくなる」が「ちっちゃくなって生きている」になり、それは生きたまま黒い豆になって投げられるというイメージを3人にもたらした。そうしたとき、絢奈もスミレも、そのように行動したおにたの心根に打たれたのだ。

　絢奈の口から「自分の命を豆にした」という言葉が出る。「生きたまま豆になる」というイメージがこの気づきをもたらしたのだ。それを聴いた浩也もスミレも、そうなんだというように語りだす。「だから、自分の命を豆にかえたんやろな」と。

　そのとき、スミレがつぶやくように言った、「女の子が貧乏やから女

61

の子のためにやった」と。女の子が貧乏だということはいちばんはじめのグループのときからスミレが言っていたことである。スミレの頭のなかには、貧しい女の子に対するおにたのやさしさという図式がかなり早い時期から存在していたようだが、ここにきて、それがはっきりと感じられてきたのだろう。

そのスミレの言葉を聴いた絢奈が、はっと気づいたように言葉を出す。「あ！ 貧乏やから『福は内』って言うた」と。病気のお母さんの看病をする貧しい女の子にとって「福」が来ることがどんなにうれしいことか、だから「福は内」なんだ、絢奈はそう気づいたのだ。その絢奈の言葉が発せられた瞬間、教室中に響くような声でスミレが叫んだ、「ああ〜」と。

対話は、人と人との響き合いによって、考えや思いのつなぎ合いによって、だれも行き着いていないところにまで深まっていくものなのだ。それは、だれか優秀な人がいて、その人の教えを受けるというようなものではない。だれもが対等で、だれの考えにも耳を傾け、真摯に擦り合わせることによって、一人ひとりが自分にとって「本当のもの」を探し当てる行為、それが対話なのである。まさに、だれもが、だれからも学ぶ「互恵的な学び」なのである。私は、子どもたちの様子を見ていて、本当にそうなんだと心から感じたのだった。

ここから子どもたちは、怒濤のように「おにたのぼうし」の世界に没入していく。

〔5〕対話の先に待っていたのは感動だった

【スミレ】　だって、女の子が貧乏やから「福は内、鬼は外」。……やっべ〜、めっちゃやさしい。

【絢　奈】　この女の子のかわりに、福になったんちゃうの。

第Ⅱ部　学びを深める対話的学び

【スミレ】　これ、絢奈、すごい考えたな！　やばいわ。絶対、手あげる
　　　　　　（後で発言してみんなや先生に聴いてもらうという意味）。

　外国から来たスミレも豆まきをしたことがあるのだろう。そのとき「福
は内、鬼は外」と叫んだはずである。しかしそれは、福が来てほしい、
災いは去って行ってほしいとは思うものの、切羽詰まったものではな
かっただろう。でも、この女の子にとっては「福は内、鬼は外」は、心
からそうあってほしいという祈りにも似たものである。女の子のところ
にその福が来るために、おにたは命がけで黒い豆になった。スミレの
「めっちゃやさしい」にはそういう思いがこめられている。
　絢奈は言う、「おにたは鬼ではなくなり福になったのだ」と。それを
聴いたスミレは、そのように考える絢奈という友だちに感動する。「絢奈、
すごい考えたな！」と。

【絢　　奈】　おにたは女の子のために……。
【スミレ】　おにたは、一生懸命女の子のために……。
【浩　　也】　女の子がそんなこと言うてなかったらもう豆にはなってな
　　　　　　い。
【スミレ】　だから、きっと神様やって思ったんや。
【絢　　奈】　おにたが豆になったんやろ。豆になって、それで投げたやろ。
　　　　　　それでさ、豆投げやんだらさ、鬼はおる、福はないやろ。だ
　　　　　　から豆、自分の命をかえた。
【浩　　也】　（女の子に）幸せになってほしいから……。
【スミレ】　だから、……そうなんや。幸せが家に来いみたいな感じで、
　　　　　　悪い奴は家の中でぽんぽんや。そういう意味や。
【浩　　也】　貧乏やから女の子の気持ちになって……。

　3人の言葉がそれぞれの心に響き、共感が共感を呼び、3人がまるで

63

一つになったかのように思いを伝え合う。「おにたは、一生懸命女の子のために……」と。そして、スミレが、「だから、きっと神様やって思ったんや」と言う。女の子にとって神様のようなこと、その神様のようなことはおにたが自分の命と引き換えに生みだしたことなのだと絢奈が言う。そして、とうとう浩也が「女の子に幸せになってほしいから」と、おにたの心根を言葉にする。

　黒い豆はおにたなのだと最初に言ったのは浩也だった。けれども、言いだした時点では、彼の言い方には物語の構成上の描かれ方がわかったというニュアンスが表れていた。そのときから私は、浩也がおにたの心根をどう感じるようになるのかそれを知りたいと思っていた。それだけに、この浩也の言葉を耳にしたとき、とうとうシャイな浩也に感情が現れたと思ったのだった。そしてそれは、興奮して語る絢奈とスミレによって引っぱりだされたものにちがいないと思ったのだった。

【スミレ】　やべぇ〜。絢奈、……よう考えたな。

【スミレ】　おにたは豆になったやん。あの子、貧乏やから、「鬼は外、
　　　　　　福は内」って言ったんやな。

【絢　奈】　あ、わかった。

【スミレ】　そうなんや。

【絢　奈】　命と福を引き換えしたんや。

【スミレ】　ってことは、お母さんも治るっていう意味やん。

【絢　奈】　うん。

【浩　也】　おにたの命と女の子の幸せを換えたみたいな感じ。

【スミレ】　もう、（おにたは）わかっとたんや。だから、女の子はお母
　　　　　　さんだってもうすぐよくなるわ。

【絢　奈】　福が来たからや。

【スミレ】　福が来たからや。

【浩　也】　福ってこの服（服をさしながら）？

第Ⅱ部　学びを深める対話的学び

【スミレ】　<u>ちがう、ちがう、ちがう。福がふってくる。</u>
【スミレ】　<u>感動。ほんとにすごい！</u>

　最後に、スミレが「ほんとにすごい！」とつぶやいたところで、林さんからグループの学び合いを閉じるようにという指示が出た。この最後の２分ほどの対話は、スミレの「やべぇ〜。絢奈、……よう考えたな」に始まり、スミレの「感動。ほんとにすごい！」で幕を閉じている。
　スミレは、この物語が醸しだす人の心根の温かさと切なさに感動したのだ。どちらかと言うと、女の子に寄り添うように読んでいたスミレが、こんなにもおにたの行動に心打たれるようになったのは、対話による学びの世界の素晴らしさによるものだと言ってよいだろう。その対話によって、スミレは物語を読み味わう魅力を心から味わったのだ。我をも忘れたような表情と、ため息のように発せられた「ほんとにすごい！」という言葉にそのスミレの思いがあふれている。
　そして、そんなスミレに引きこまれるかのように、絢奈にまたまた気づきが生まれている。「命と福を引き換えしたんや」だ。そして浩也が言う。「おにたの命と女の子の幸せを換えたみたいな感じ」と。すると、絢奈とスミレは酔ったようにつぶやく「福が来たからや」と。最後に浩也が「福ってこの服？」とボケをかましたのはシャイな彼らしいユーモアだった。

〔6〕子どもの言葉が対話になるとき

　２日にわたって行われた授業をもとに、そこで交わされた対話を私なりに読み解いてみたのだが、こうして文章化するとかなりの時間の対話なのかと感じられる。しかし、実質子どもたちが対話をした時間は合わせて20分ほどのものである。そんな短い時間における言葉のやりとりなのだが、こうして文字にしてみると、子どもの言葉が対話になるとはど

65

ういうことなのかが、かなり明確に見えてくる。

　まず言えるのは、対話になると、言葉がつながり、考えが考えを呼び、そこから新たな気づきが生まれるということである。何かの話題を軸にして、決してその軸から外れず、その軸を肉付けするように考えを深めていく。つまりそれは、一貫して考え続ける営みだと言える。

　詳述したように、３人の対話は、絢奈が自分の気づきを「わかった！わかった！」と他の２人に伝えようとしたことから始まった。それが最後には、「命と女の子の幸せの交換」「女の子に福をもたらしたおにた」「だから、きっと女の子のお母さんはよくなる」という心震わせる読みに行き着いている。その読み味わいの推移、３人のかかわりの推移は一貫している。そうでなければ対話にはならないのだし、対話になったら必ずそうなるのだとも言える。

　それは、対話が聴き合いによって成立するからである。構成員がそれぞれに自分の考えを語るだけでは決して対話にはならない。対話で大切なのは、語ることもだがそれよりも聴くことである。他者の言葉に耳を傾け、その考えがどんなものであっても、たとえ自分の考えと異なっていても、方向違いのものであっても、後戻りするような質問が出てきても、拒絶するのではなく受け取る聴き方をしない限り対話はできない。聴けば必ず、対話に参加している一人ひとりに他者の考えとの擦り合わせとともに自分自身との対話が起こる。そこから新たな考えが浮かぶと今度はそれを聴いてもらうことになる。その連鎖で進むのが対話なのだから、かかわりの中身が一貫するのは必定である。

　だれの言葉も等しく聴くということは、構成員すべてが対等だということである。一人の優秀な人に教えてもらうということではないのだ。そうなったらそれはもはや対話ではなくなる。林さんの学級の３人の言葉のやりとりは疑いようもなく対等だった。

　対話は、正解とか、決まった特定の考えを見つけるためだけに行うも

第Ⅱ部　学びを深める対話的学び

のではない。もしそうだったら、理解の早いだれかの考えをみんなが教えてもらえばそれで終わりである。そこで使われる言葉は伝達でしかない。もちろん伝達がすべてよくないという意味ではない。伝達しなければならないこともある。しかし対話による学びは決して伝達ではない。

　そういう意味では、対話による学びが深まっていくと、一人ひとりの学びがそれぞれに影響し合うことになる。一定の共通点を持ちながらも、個々それぞれに微妙な独自感も生まれてくる。それは、学びは個人の内に生まれるものだということを表している。対話による学びで生まれるものは、決してみんなで一つにはならないし、一つにしてはならない。

　そして、最後に、もっとも大切なことだが、対話は、考えが変わることを厭わないということである。対話の言葉が自分の考えを押し通すための言葉であってはならない。互いの考えを聴き合い擦り合わせ、そのことによって新しい気づきを生みだす、こうだと思っていたことがそうではないと気づく、だれかの考えを聴いたとき、ほんとにそうだ、そのとおりだと興奮する、そしてそれまでの自分の考えを深める、ときには、

67

考えが180度変わってもよい、とにかく他者の考えとの擦り合わせから学ぶ、そこに対話の本当の魅力がある。それをそのまま実行したのが林学級の3人なのではないだろうか。

　音読によって作品を描きだしている言葉にふれたから子どもたちの読みがここまでたどり着けた。しかし、音読をしただけではそれは実現できなかった。この記録は、子どもたちに読みの深まりをもたらしたものは、3人の対話だったことを実証している。

　もちろん、この3人がたどり着いた読みは、作品解釈としては驚くほどのものでないかもしれない。しかし、大切なことは、そういう客観的な結果ではなく、子どもたちが、作品と向き合い、仲間と向き合い、自分自身と向き合った過程なのだ。そこに、対話による人のつながりと、つながりによる学びの深まりがあるからである。私たちが求める子どもの学びへの「希望」はそこにある。

　ここまで読んでいただいて、これはそのまま「はじめに」で掲げた「対話の基本的事項」だということに気づいていただけただろう。「基本的事項」は、私が前々から知っていたことではなく授業参観において子どもから学んだことだと述べたが、なかでもここに掲げた「おにたのぼうし」の授業から学んだことが中核を成している。もちろん、前々からそのように考えていたこともあるし、文献から知ったこともあり、それらがベースになっている。けれども、子どもの事実から学んだことは、その数倍もの説得力を持って理屈抜きで私のからだに入ってきた。素の子どもからあふれ出るもの以上の真実はない。

第Ⅱ部　学びを深める対話的学び

2 わからなさへの支えから学びが生まれるとき
——中学校1年数学「円とおうぎ形」の授業

　数学の学びは自ら課題に挑み思考し発見するものでありたい。もちろん、その課題が難しければ難しいほど取り組みに困難さが伴う。けれども、数学の学びの面白さ・魅力は、その困難さのなかにある。さっと考えただけでは解けない課題が解けることほど魅力的なものはないからである。

　とはいえ、数学の苦手な子どもは、どれだけ考えてもわからないとき、途中であきらめの気持ちに陥ってしまうことがある。そして、そういう、できない、わからないという経験が重なると、課題に出会う前から、もっと言えば、数学の授業が始まる前から意欲喪失状態になりかねない。

　何人もの子どもをそういう状態にしてしまったら、それは数学の教師として失格だと考えないといけない。課題のレベルによっては、時間をかけてもなかなか解くことができない状態になることもある。もしそうなったとしても、どの子どももあきらめることなく取り組み続ける状態にしなければならない。それには、少しずつ学びの方向がみえてくることが必要である。それがあれば、課題が克服できるのではないかという希望が感じられ、学びを持続させることができる。

　子どもたちの間にはいわゆる学力差がある。また、課題を解くためのアプローチの仕方にも違いが生まれる。何人もの子どもが一つの学級に集って学ぶ授業においては、学力とアプローチの仕方というこの二つの違いは指導を難しくするものとしてとらえられているが、それは教師が一方的に教える一斉指導型の授業の場合である。子どもが取り組む学びにおいては、この違いがあるからこそ、学びがダイナミックになり、学ぶことの面白さが浮かび上がる。

69

学力差やアプローチの違いをものともせずすべての子どもがねばり強く課題に挑み続けるには、わからないとき、まちがった考え方をしてしまったとき、その状況を理解してくれ、そのわからなさや間違いを出発点としてともに歩んでくれる他者が必要である。当然、教師はその他者であるべきだが、何人もの子どもを対象とした授業において、すべての子どもの状況を理解しすべての子どもに寄り添うことは困難である。けれども、どの子どもにも困難な状況を支えてくれる他者は絶対に必要である。そうでないと、困難さに存在する数学の面白さ・魅力を味わうことはできない。

　では、その他者とはだれなのか。もちろんそれは、同じ教室でともに学んでいる子どもたち同士である。とは言っても、教師が一斉指導型の授業をしていたのでは、困難な状況を支え合う他者関係は生まれない。だから、少人数に分割して行うグループ学習が必要なのだ。グループになって互いの顔を向け合ったとき、そこに支え合って学ぶ意識と人間的なつながりが醸成されていれば、子どもたちの協同性は自然に発揮される。それが子ども相互の「学び合う学び」である。

　その「学び合う学び」において中心を成す行為、それが対話である。特に、わからない、できない、間違ってしまった、といった状況が生まれやすい数学の学びにおいては、対話によってその状況を切り拓くことができる。しかし、子どもの間で言葉が交わされてさえいれば、それは学びを深める対話になっているかと言うとそうとは言えない。しゃべり合ってはいても一向に学びが進まないことは結構ある。では、わからなさを切り拓くことのできる対話とはどういうものなのだろうか。

　ここに詳述するのは、津市立みさとの丘学園（義務教育学校・鈴木智巳校長）7年（中学1年）における「円とおうぎ形」という単元の授業（授業者／高城あつ子さん）において生まれた、瑞希、杏沙、唯史、静夫という4人の子どものグループにおける対話である。

　この4人が、どう課題に挑戦したのか、そのときどういう間違いをし

第Ⅱ部　学びを深める対話的学び

たり、どういうわからなさを抱えたりしたのか、そして、それらにどう対応しどのように解きほぐしていったのか、その経緯を、4人それぞれの言葉や表情、仕草に基づいて読み解いてみようと思う。そこから、わからなさへの支えから学びが生まれる対話とはどういうものなのか、それがきっと見えてくるにちがいない。

〔1〕協同的学びは訊くことから始まる

　授業者の高城さんが子どもたちに提示した課題は右の図の影をつけた部分の面積を求めるというものだった。

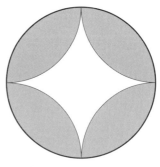

円の半径4cm

瑞　希	唯　史
静　夫	杏　沙

　子どもたちはすぐグループになった。しかし、机を向かい合わせにしたけれど話を始めようとする気配はない。ただ、黙ってそれぞれが課題に向かっている。学びはそれぞれの子ども、一人ひとりの内に生まれるものだから、まずは自分でやってみようとするのは自然である。子どもたちは、その当然のことを当たり前のように始めたに過ぎない。子ども同士のかかわりは、それを子どもが必要とした瞬間から始まる。

　やがて、瑞希が杏沙に語りかけた。

【瑞　希】　三角形の面積の求め方って、÷2にすればいいの？

　尋ねられた杏沙は、一瞬、返答につまり、目の前でじっと考えている唯史のプリントに手を伸ばし、鉛筆でトントンと叩きながら語りかけた。

71

【杏　沙】　ねぇ、三角形の面積の求め方、どうやってするの？

　瑞希の質問を彼に回したのだ。尋ねられた唯史も返答につまる。というより「なぜ三角形なんだろう？」と怪訝な表情をしている。課題の図形に三角形はどこにもない。つまり、杏沙の頭のなかにも唯史の頭のなかにも、三角形は存在していなかったのだ。

【唯　史】　ちょっと待って。

　そう言って唯史は少しの間考える。そして申し訳なさそうに言う。

【唯　史】　いま、考えてることで精一杯やで。

　子ども同士の学び合いにおける難しさの一つがここにある。同じ課題に取り組んでいても、必ずしもアプローチの仕方が同じとは限らないからである。三角形という見方を切り口に解いていこうとした瑞希に対して、杏沙も唯史もそういう考え方はしていなかった。しかも、取り組み始めて間がないこの時間帯では、杏沙も唯史も「どう考えていこうか？」と自分なりに模索しているところだ。だから、自分の考えとは方向の異なる瑞希の疑問に応えるよりも、いま考えつつある自分のアプローチに没頭したいのだ。さて、瑞希が投げかけた質問は、２人に受けとめられないままになるのだろうか？
　やがて、唯史が書きかけの自分の用紙から目を離した。そして、杏沙のしていることをじっと見つめた。そして一言、

【唯　史】　２分の１にした？

第Ⅱ部　学びを深める対話的学び

と語りかけた。唯史の目に、何かの「2分の1」をしている杏沙の計算式が見えたからにちがいない。唯史は考えた。しかし、どう考えても「2分の1」をしてこの課題が解けるとは思えない。それで、そっと声をかけたのだ。声をかけられた杏沙はうなずきながら次のように答える。

【杏　沙】これ（円の面積）を求めて、(右図のように、円の外側に円に隣接する正方形を描きながら）この四角形（円の中央の白い部分）を引く。そして、これ（影がついている4つの◖◗）にする。

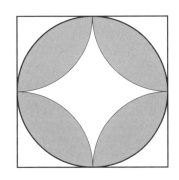

　この杏沙の言葉で彼女がどうして「2分の1」という考え方をしていたかわかった。彼女は、中央の白い部分の面積は円の外側に描き足した四角形の面積の半分の大きさだと考えた。だから、中央の白い部分はその四角形の2分の1で計算できる、そう考えたのだ。
　その際、中央の白い部分のことを四角形と言い表したのは杏沙の図形の概念が曖昧だったからと言える。円の面積から中央の白い部分の面積を引き去るという考え方も、そのため円の縁に隣接する正方形を描くことも間違ってはいないのだけれど、わかりたい、できたいという思いが強くなると、数学的な厳密さが薄れ、なんとなくそう考えてしまうのかもしれない。
　杏沙の説明を聞いた唯史は、

【唯　史】円－（引く）四角形？にするん？

と問い返す。その「四角形？」という言い方に、そこは四角形ではな

いのではないかというニュアンスが含まれている。だから、杏沙は、

【杏　沙】　四角形じゃないん？

と言って、あわてて、用紙に書きかけていた計算を消しゴムで消し始める。それを見た唯史は、消さなくてもいいのにというか、なぐさめるようにというか、そういう言い方で、

【唯　史】　いやいや……、いろんなやり方があるから……。

と、杏沙に声をかけた。彼は、杏沙の間違いに気づいている。しかし、「それは違う」とは言わない。けれども、このままではよくない方向に進んでしまう。だから杏沙が考え直すように仕向けたのだ。もちろん、杏沙が四角形と考えた部分の４つの辺が弧状になっていて直線でないから四角形とは言えないと説明することも必要だったかもしれない。それを言わなかったのは、円の面積から中央の白い部分の面積を引くという軸になる考え方ができていたからで、それ以上言わなくてもよいと思ったからだろう。

　それにしても、「２分の１にした？」という語りかけは絶妙だ。前述したように唯史には、２分の１という考え方ではできないということがわかっていたはずである。にもかかわらず、「２分の１ではできないよ」とか「どうして２分の１にしたの？」とは言わず、「２分の１にした？」という言い方をした。これは相手に尋ねる言い方である。なんでもないことだけれど、自分の考えをいきなり持ちだすのではなく、自分の考えと異なっていてもまず相手の考えを聴こうとする、これこそ対話でもっとも大切にしなければならないことなのではないだろうか。杏沙や瑞希が自分のわからなさや間違いをオープンにして学ぼうとできるのは、この教室にはこういう対応の仕方のできる子どもが育っているからであ

第Ⅱ部　学びを深める対話的学び

る。そして、そういう子どもが育つ背景に、子どもの言葉に耳を傾け、どこまでも子どもの考えを知ろうと努めている教師が存在していることを忘れてはならない。

〔2〕間違いから生まれる新しい気づき

　ここで唯史は、ようやく自分一人の思考に戻る。そして、ふっとつぶやく。

【唯　史】　全体からやったほうがやりよいな。

　この彼のつぶやきはどういう考えから出たものなのだろう。全体とはどういう全体なのだろう。このつぶやきだけではそれはわからない。ただ、彼は、部分に着目して部分を一つひとつわかっていくというのではなく、全体的に一気に「4つの ◖◗ 」を求めたほうがよいと考え始めたことは確かなようである。ひょっとすると、杏沙が四角形と間違えた中央の白い部分を出して、杏沙の考えたように円の面積から引くということなのかもしれない。だとしたら、彼が杏沙の間違いに瞬間的に気づけたのもうなずける。このことについては後でふれる。さて、もう一人の瑞希が言った「三角形」だが、それは、この段階では忘れ去られている。ところが、それがこの後、重要な気づきとして姿を現すことになるのだ。それが、対話による学び合いの面白いところである。

　唯史の視線がふっと「三角形」の質問をしてきた瑞希の方に向いた。「全体からやったほうがやりよいな」とつぶやいてからものの1分もたっていない。先ほどの質問してきた瑞希のことを気にしていたからにちがいない。
　唯史は、何かに気づいたように瑞希の用紙に鉛筆を持った手を伸ばす。

75

そして、

【唯　史】　この円から考えたほうが早いよ。

と語りかける。それは彼女が考えようとしていた「三角形」ではなく、円の面積から入るよう伝えたほうがよいと判断しての言葉がけだったのだろう。しかし、瑞希も円のことは意識していた。だから次のように答える。

【瑞　希】　この円はわかるんやけどさ……、これ（杏沙が四角形だと間違えた中央の白い部分を指し示して）があるで、難しい！　これ（白い部分）がわかったら、1つの円からそこを引いたら……。

　こう語って、そこで考えこむ。まだどうしてよいかまでは不明だが、どうやら、瑞希も杏沙も唯史も、円の面積から中央の白い部分を引き去るという考え方になったようである。しかし、そのことと、彼女が最初に尋ねてきた「三角形の面積」とどうつながるのだろうか。それはまだ姿を現してきていない。
　唯史は、この瑞希の言葉に対して黙っている。すると、今度は、瑞希が唯史の用紙の図形に手を伸ばして、こう言った。

【瑞　希】　円（の面積）を求めてからさ、（その円の）4分の1を求めて、三角形を求めて、その半分の四角形÷三角形をやったらこれ（　　）が出るから……あれっ？　あれっ？

76

第Ⅱ部　学びを深める対話的学び

　ここで瑞希の「三角形」が再登場してきた。それがこの後、課題解決に向けた重要な手掛かりになるのだが、その前に、ここで彼女の言っている考え方を解き明かしておこう。

　円の4分の1とは大きな円を4等分した前ページの図右下の部分のことである。次に彼女が口にしたのは「半分の四角形」だが、それは、右下の四角形のことである。なぜ「半分」と言ったかだが、それはその四角形の半分という意味なのだ。なぜ半分にしなければならないか。そこで「三角形」が登場する。瑞希は、右下隅の◢の部分を三角形だと考えたのだ。それは三角形に近い形だけれど三角形ではない。ここでも、杏沙と同じような間違いをしてしまっている。杏沙も瑞希も四角形や三角形がどういう形かわかっていないわけではないだろう。しかし、数学の苦手な子どもは、こういうところで大まかな形のとらえ方をしてしまうのだ。教師は、数学の苦手な子どもにはこういう特性のあることを知っておく必要がある。2人の間違いはそれを教えてくれている。

　それはそれとして、影のついている部分を出すには、右下の四角形は対角線で三角形2つの半分ずつに分かれ、その1つから、瑞希の言う三角形を引けばよいと考えたにちがいない。「四角形÷三角形」と言ったのは単純な言い間違いで、彼女は引くと考えていたのだろう。そう考えると、◢を三角形とした間違いはあるけれど、⬬の面積が求められるいいところまで迫ってきたと言える。

　ここまできて、唯史の出番である。

【唯　史】　この（右下の）四角形の半分、
　　　　　　三角形やったら……。

　唯史が話し始める。彼の言う三角形は、
四角形を対角線で2つに分割してできた

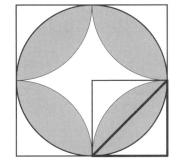

三角形である。瑞希が言っていた「半分の四角形」もここのことなのだ

77

ろうが、瑞希はそれが三角形だと認識していなかった。それどころか、瑞希が考えていた三角形はそれではなかったのだ。だから、彼女は、手で右下の白い三角形のように見える部分 ◢ をなぞるようにしながら、ここが三角形だと唯史に伝えようとする。それを見た唯史は、鉛筆で前ページの図のように影のついた ◖◗ の中央に線を入れる。そして、そこにできたのが正真正銘の三角形だと説明する。そして、円の4分の1からその三角形を引けば、影のついている部分 ◖◗ の半分 ◢ が出るというような説明をする。

　その説明を聞いた瑞希は、唯史に念を押すように尋ねる。

【瑞　希】　ここ（唯史の指し示した ◖◗ を真ん中で2つに切った1つである ◢ ）を×2にしたらええん？

　うなずく唯史。その瞬間、瑞希がそうかぁーっと言わんばかりの調子で、

【瑞　希】　ああーっ！

という声を漏らす。そして、つぶやいた、

【瑞　希】　ここが三角形か！

　このとき、瑞希は、どれが三角形かはっきり認識したのだ。そしてそれは、自分が当初考えていたのは三角形ではないということの気づきにもなった。

　ただ、ここで感動的なことは、間違いではあったけれど、彼女が言い出した「三角形」という考え方が課題解決のために役立ったということである。そのことは、瑞希にとってはうれしいことだったにちがいない。

第Ⅱ部　学びを深める対話的学び

〔3〕かかわりは面倒がらず親切に

　最初に疑問を出してきた瑞希とのかかわりが一段落した唯史に、今度は、杏沙が語りかけた。

【杏　沙】　まず、ここ（　　の部分）を求めるの？

　杏沙は、自分の目の前で行われていた唯史と瑞希の対話を聴いていたのだ。彼女は２人のやりとりが始まる直前、真ん中の白い部分を四角形だと間違ってとらえていたことに気づいたところだった。しかし、ではどうすればよいのかわからない。だから、２人のやりとりに耳を澄ましていた。そうしたところ、瑞希がまず求めようとしていたのは　　の部分だった。だから、自分もそうしたほうがよいのかと思ったけれど、それでよいのかどうか確認したかったのだろう。
　しかし、それは聞きかじりであった。確かに瑞希は　　の部分を三角形と間違えて出そうとした。けれども、唯史と瑞希が考えだしたのは４分の１円から右下の三角形を引いて　　の部分の面積を出すという考え方だった。その考え方の筋道が杏沙には伝わっていなかったのだ。
　杏沙は理解していない、唯史にはそうわかったはずだ。けれども、彼は、決して面倒がることなく、今度は杏沙に丁寧に説明し始めた。

79

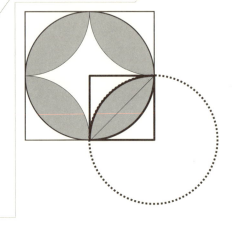

【唯史】まずこれ◠を求める。それをするには、ここの四角形を作って(と言って矢印の四角形を指し示す)、円の面積4分の1(と言って、今度は4分の1円の部分を指し示す)を出す。そして、(さっき作った)四角形の半分(と言って、三角形の部分を指す)を引いたら◠の部分が出る。

　唯史の説明はとても親切なものだった。ところがまだ杏沙は怪訝な表情をしている。唯史は、そういう杏沙に対してもう一度説明をする。その際、彼は、右上2段目の図のように点線の円を描いた。彼は、杏沙が4分の1の円がどこのことなのか理解していないと判断したのだろう。だから、どう4分の1なのかわかってもらうために円を描いたのだ。

　他者の「わからなさ」への対応でもっとも大切なことは、どこがどうわからないかを探り、その相手の状況に応じることである。わからないでいる相手に対して、わかっている者が一方的にやり方を説明することではない。それでは、わからなさを抱えた子どもに学びが生まれないど

第Ⅱ部　学びを深める対話的学び

ころか、他者とつながるための互いを尊重し合う気持ちも、互いの弱さを支え合う心づかいも生まれてこない。そういう言葉のやりとりは対話とは言えない。対話は、相手の状況を受け入れ、そのうえで、自己を見つめる、その相互関係で成り立つ。片方が一方的に自分の主張を繰りだすのは対話ではない。

　このとき唯史が、面倒がらずに、再度説明したこと、しかも、杏沙はここがわからないのではないかと、相手の状況を見極めて、一度説明したことの繰り返しではなく、さらに説明の仕方を変えたこと、そこに、唯史のわからないでいる杏沙に対する温かさが感じられる。

【杏　沙】　ここ（4分の1円の部分を手で指して）ここを出すってこと？

　杏沙は唯史の顔を見て尋ねる。唯史はうなずく。そして、

【唯　史】　そこをしてから、この四角形の半分を……。

と説明する。杏沙は唯史の言うことを懸命に理解しようとしている。そんな杏沙に対して、唯史は、図形を描き四角形の半分の部分を指しながら、「ここだ」「ここだよ」というふうに説明する。すると、

【杏　沙】　じゃあ、まずこの円（の面積）、求めるの？

と杏沙が尋ねる。唯史は、

【唯　史】　そう……、円の4分の1を出す。

と答える。

81

〔4〕それぞれの学び合い方で学びの結晶点へ

　ところで、ここまで読んでいただいて、このグループにもう一人の男子、静夫がいたことを覚えていただいているだろうか。彼のことがここまでの記録に全く登場していないのは、彼が全く言葉を発していないし、他の3人への働きかけもしていないからである。けれども、彼は、黙って、3人の対話に耳を傾け、3人が進めている学びを見つめていたのだ。

　それが証拠に、ここまで到達したこのとき、彼の用紙には、右のような式が書かれていた。これは、まさに、3人がやっていた考え方だった。

$$4 \times 4 \times \pi \times 1/4 = 4\pi$$
$$(4\pi - 8) \times 2 = 8\pi - 16$$

「$4 \times 4 \times \pi \times 1/4$」は真ん中の円の4分の1を求めたものであり、そこから出た4πから引く「8」とはその円の外側に描いた正方形の4分の1のそのまた2分の1、つまり瑞希とのかかわりで唯史が見つけだした右下の「三角形」の面積である。その「8」を引いて2倍したということは ◖ の部分の面積を求めたということである。彼は確実に、グループの協同的学びに参加していたのだ。そう考えると、彼が行っていたのは、言葉を発しない対話だったと言える。

　ここで、唯史が杏沙から目を離す。すると、それを待っていたかのように、瑞希がつぶやく。

【瑞　希】円が16πやから……じゃあ、ここのところ4π？　うん？
　　　　　4？　4π？
【唯　史】そう、4π。

　ようやく瑞希はこの課題を解く最終地点に立ちつつある。杏沙も同じ

第Ⅱ部　学びを深める対話的学び

ように「4π」は出たようである。しかし、杏沙はまだもやもやしている。だから、尋ねる。

【杏　沙】　4πがわかったらどうするの？

すると、瑞希がぱっと答えた。

【瑞　希】　三角形！

考えてみれば、「三角形」という考え方はそもそも瑞希が言いだしたことである。その三角形は当初瑞希が考えていた部分ではなかったけれど、今、その「三角形」という考え方がこの課題を解く鍵になっている。つながり合って取り組む学び合いにはこういう面白さがある。だから、子どもたちは、このグループのように、どんなわからなさでも尋ねるようになるのだろう。

瑞希の「三角形！」という声を受け、唯史が図形を指しながら説明する。

【唯　史】　ここの三角形を求めたらさ、ここ ◠ が出る。それを求めたら、ここ ◯ が出る。

杏沙は説明する彼の手元をじいっと見つめている。そのとき瑞希がつぶやく。

【瑞　希】　三角形って、どうやって計算するんだっけ？

すると唯史は一瞬口ごもる。三角形の面積を求める公式は「底辺×高さ×1/2」だからそう答えてよさそうなものだが、彼はそれを言わなかっ

83

た。そして、説明したのは、

【唯　史】　これ（4分の1の正方形）を求めるやろ。三角形はその半分
　　　　　　やからさ。

　唯史の手の鉛筆の先が、4分の1の正方形とその半分の三角形の部分
を指す。三角形の求積の公式から計算するよう仕向けるよりも、瑞希も
考えていた四角形の半分という考え方のほうが瑞希の理解は早いと考え
たからだろう。その場の状況で咄嗟にこういう対応ができる子どもはす
ごいと思う。唯史の説明を聴いた瑞希が思わず漏らす。

【瑞　希】　あ〜あ。なるほど。

　瑞希は大きくうなずいた。それは、三角形求積の公式からという面倒
な考え方をしなくてよかったのだ、こんなに簡単に求めることができた
のだという納得のうなずきだった。
　一方、杏沙は、◖◗の部分の面積が出せたようである。そして、それ
をじっと見つめながらつぶやく。

【杏　沙】　それで、どうするの？

　そのとき、これまで一言も発していなかった杏沙の横の静夫が口を開
いたのだ。

【静　夫】　それ◖◗が反対側にもあるから。

　彼はこう言って、鉛筆の先で4か所にある◖◗を指し示して、もう一
度、

84

【静　夫】　それが４か所にあるから。

と繰り返し、

【静　夫】　×４したらええ。

と杏沙に言ったのだった。その静夫の言葉が終わるのとほぼ同時に、最終段階に入っていた瑞希が、ほっとしたような声で、

【瑞　希】　できた！

と声を上げ、杏沙も⬬の４倍を計算し終えた。４人全員が課題を解き終えた瞬間である。

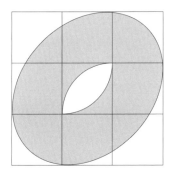

　こうして、４人の子どもの取り組みは、ゴールにたどり着いた。授業が始まって14分である。当然、この数学の授業はこれで終わりではない。学級全員によるこの課題に対する振り返りをしてから、授業者の高城さんは右図のような図形を示して、影をつけた部分の面積を求めるという次の課題を提示する。残り時間はたっぷりある。子どもたちは、引き締まった表情で、再び、次なる探究の旅に出発する。そこでも、わからなさを大切にした対話が子どもたちの大きな力になっていくのだ。

〔５〕「学び合う学び」における対話の互恵性

　こうした４人のやりとりからわかるのは、杏沙も瑞希も唯史を頼りに

しているということである。言葉を出していない静夫も自分から尋ねていないけれど、唯史に一目置く対し方をしているように思える。最初は瑞希から杏沙に尋ねたのだが、その杏沙がその瑞希の質問を唯史に回したことから、その後は、唯史が瑞希と杏沙それぞれにかかわるということになっている。もちろん、一方にかかわっているとき、もう一人はそのかかわりをじっと見つめているのだし、後からわかったことだけれど静夫もその成り行きを逐一見つめていたのだから、これは、4人による「学び合う学び」だと言ってよいだろう。

その「学び合う学び」の要になっているのが唯史なのだが、彼が自分の考えを一方的に教えていないところが重要である。唯史は、当初、「いま、考えてることで精一杯やで」と言って問われたことに即答しなかったし、杏沙とのかかわりが一段落したところでも、「全体からやったほうがやりよいな」とつぶやいている。それは、瑞希や杏沙の疑問に応えるよりも、自分の方向で考えていきたかったということだろう。そのとき彼がやろうとしていたのは、「全体から」というつぶやきから推測すると、右のようなことだったのではないだろうか。

隣接する正方形の面積
$8 \times 8 = 64$

右の図の4分の1円が4つあるのでそれで1つの円と考えて円の面積
$4 \times 4 \times \pi = 16\pi$

正方形からその円の面積を引くと、中央の白い部分
$64 - 16\pi$

改めて円の面積から白い部分を引く。
$16\pi - (64 - 16\pi) = 32\pi - 64$

唯史は、その自分のやりたいことを封印した。そして、瑞希と杏沙に寄り添った。彼は2人から頼られてはいたけれど、上から目線の対応はしなかった。それどころか、どこまでも2人の疑問と考えの方向から逸れなかった。

そうしたところ、唯史に特筆すべきことが起こったのだ。この記録の最後に4人全員が行き着いた考え方、それは当初に唯史がやろうとして

第Ⅱ部　学びを深める対話的学び

いたものではなかった。それは、瑞希と杏沙への寄り添いによって生まれたものだ。つまり、それは唯史に学びが生まれていることを示している。対話のある学びは、すべての子どもに恵みをもたらす互恵性に満ちているということだ。

　４人の学びを見て、「学び合う学び」が面白いと思うのは、最初、何のことがわからなかった「三角形」という発想が、最後に、課題を解く決め手になっていったことである。しかも、そもそもそれを言いだした瑞希が考えていた「三角形」は三角形ではなく、それでいて重要な三角形が浮かび上がるという成り行きはまるで筋書きのないドラマのようである。

　この事例から学ぶべきことは、学習の理解において優位に立つ側のあり方である。すべての子どもに学びを生みだすのが「学び合う学び」の理想だが、人が寄り合って協同的に取り組むとき、そこに必ず、人それぞれの異なり、能力的な違いがあらわれる。読んでいただいたこの事例のような学校の授業においては、その教科の得意、不得意が顕著にあら

われる。そのとき、さまざまな異なり、とりわけ能力的な違いが、人としての上下関係になってはならない。もしそうした上下的な意識があると、そこで行われる言葉の行き交いは対話にならない。対話で必要なのは、違いを超えた「対等性」である。相手への敬意を欠いた言葉は、思考のすれ違いを生みだし、悪くすれば対立をつくりだしてしまう。こういうとき、理解力において優位な者がどういう態度をとるかが決定的に大事なのである。

　この教室において、この事例のような「学び合う学び」とそのための対話が生まれたということは、この授業だけのことではなく、毎日の教室のなかに、日々の生活のなかに、他者を敬う事実の蓄積があったということである。高城さんが発行している「MATH通信」には次のような子どもの声が掲載されている。これらの子どもの声は、この学校の子どもの対等なつながりを表している。

　「『わかる？』って声をかけてもらって、きく勇気が出ました」

　「だれかが『わからん』っていう前に、『わからんとこある？』ってきけたからよかった」

　「いっぱいわからないところがあったけど、隣の○○（子どもの名前）にいっぱいきけてよかった。○○の説明、わかりやすかった」

　対話のある学びは、単なる技法的なもので生まれるのではなく、そこでどのように生きているか、どのような他者関係を築いているかという人としてのあり方によって生まれるものなのだ。

第Ⅱ部　学びを深める対話的学び

3 社会科の学びが考え合う取り組みになるとき
──小学校6年社会「日本国憲法」の授業

　考えれば考えるほどもっと奥に何かがあると感じる課題に取り組むとき、一人ひとり別々だと、どうしても、できない子ども、わからない子どもが生まれてしまう。けれども、対話的な「学び合う学び」で取り組むと、わからないことを尋ねたり、だれもが理解できないことがらに対して知恵を出し合ったりして、どの子どもも学びに向き合える。前章の数学の授業、次章の英語の授業はそのよい事例であるが、本章で紹介する社会科の授業もまさにそういうものであった。

　小学校高学年から中学校における社会科の授業は、どちらかと言うと、地理や歴史や公民の知識を概略的に得るだけで終わる傾向があるのではないだろうか。授業時間数が限られるなか、そうせざるを得ないところもあるが、それでは、自分たちの生きている社会について考えたり、知ったり、そしてこれからの社会に対する思いを抱いたりすることができない。社会科の学びは、社会に対する子どもの知的欲求を引きだし満たすものでないとよりよいものにならないのだ。

　「日本国憲法」についての学習は、小学校6年と中学校3年で行うことになっている。教科書会社の指導書に掲載されている年間指導計画によると、「日本国憲法」の学習に当てられた時間数は、A社の場合、小学校8時間、中学校16時間である。もちろん、小学校においても中学校においても、この後、その憲法の学習を基に政治の仕組みについての学びをしていくのだが、憲法そのものについて学ぶ時間は限られている。「日本国憲法」が国家や国民の基本を定めたものだということを考えると、この限られた時間内でできる限り密度の濃いふれ方ができるよう工夫しなければならない。

89

私が見せていただいたのは、小牧市立大城小学校（梶田光俊校長）の原美穂さんの授業である。小学校では前述したように配当時間は8時間しかない。30年以上も前に行っていた私自身の授業を思い起こして感じるのは、その授業は、基本的人権の尊重、国民主権、平和主義という三原則を知識獲得型で指導しただけだったような気がする。もちろんそれなりの工夫を凝らしてそれらのことに対する認識が深まるように授業したと思うが、不十分さはぬぐえなかっただろう。今になって何よりも悔いているのは、憲法の文言そのものにしっかり出会わせることができなかったのではないかということである。私が見せていただいた今回の原さんの授業は、そういった懸案への一つの取り組みとして行われたものだった。

〔1〕憲法を自分たちの言葉に直すという授業デザイン

　学びの対象に子ども自身が向き合い探究する、それが子どもの学びを深めるもっともよい学び方である。それなら、「日本国憲法」についても、憲法の文言そのものに子どもが向き合わなければならない。しかし、小学生が読むにしては難解な用語が多いし、それよりも前に、そこで述べられている内容が日常的な子どもの意識とはかなり距離のあるものなので、それは容易なことではないと思われた。だから、もし文言を読ませるとしても、教師が解説することになってしまう可能性が高い。それでは、子どもの学びにはならない。そこで、考えだされたのが、子どもたちが憲法の文言を自分たちなりの言葉に直すという学習課題だった。それだったら、どんなに難しいことであっても、やってみたいという意欲がわくのではないかと思われた。

　もちろん、前述したように、難解な用語という壁がある。当然、子どもたちは戸惑い、難渋し、匙を投げる子どもが生まれかねない。だから、こういうときこそ、グループにおける「対話的学び合う学び」なのだ。

第Ⅱ部　学びを深める対話的学び

原さんは、子どもたちを六つのグループに分け、教師に教えられるのではなく、どこまでも自分たちで文章化するように仕向けたのだった。

とは言っても、初めから子どもに任せてしまったのでは、時間数が限られていることもあり、子どもは困ってしまう。そう考え、身近な暮らしとのかかわりに基づくように留意しながら、すべての国民のよりよい生活を生みだすためのきまりが「日本国憲法」だと概略的に学習した後、まず、「前文」を子どもたちとともに自分たちなりの言葉に直してみるという授業を実施した。

「前文」は次のように書かれている。

　日本国民は、正当に選挙された国会における代表者を通じて行動し、われらとわれらの子孫のために、諸国民との協和による成果と、わが国全土にわたって自由のもたらす恵沢を確保し、政府の行為によって再び戦争の惨禍が起こることのないやうにすることを決意し、ここに主権が国民に存することを宣言し、この憲法を確定する。

漢字の読み方を指導し、何度か音読する。そして、意味のわからない言葉を出し合う。そして、その意味をみんなで考えてみる。そうすることによって、少しずつ少しずつ、書かれている内容がわかってくる。そういうやりとりが一応すんだところで、一人ひとりが、自分なりの文章にするという作業を行ったのだった。

こうして生まれた子どもの文章から２人の子どものものを見てもらうことにする。

　日本の国民は、国民からの投票で選ばれた代表する人を通して動いて、私たちと私たちの後の時代の人たちのために、多くの国の人たちが仲よく協力し合うことと、日本全体で、自由を与えてくれた、めぐみやうるおいをいつでも使えるようにして、政府の行動で、また戦争のひどくつらい悲しみをくりかえさないように心に決めて、この文で、国民が中心となることを約束します。

　日本の人は、正しく選ばれた国の会議による、えらい人を通して動き、自分

と自分の子どもたちのために、他の島や他の国の人と協力による結果と、日本全体の自由をくれるめぐみやうるおいをもって、国の行動によって、また戦争の悲劇がないようにすることを決めて、この文で、国の中心は日本の人ということを絶対とします。

　２人の文章を見ると、「諸国民との協和」という部分を、「多くの国の人たちが仲よく協力し合うこと」「他の島や他の国の人と協力」と書いているし、「再び戦争の惨禍が起こることのないやうにすることを決意し」については、「戦争のひどくつらい悲しみをくりかえさないように心に決めて」「戦争の悲劇がないようにすることを決めて」と直していて、６年生として十分な文となっている。それに対して、「自由のもたらす恵沢」の「恵沢」については「めぐみやうるおい」という辞書的なものになっているのはやむを得ないことだろう。

　グループで取り組む前にこういう時間をとったことによって、子どもたちはグループになったときどうしていけばよいかがある程度わかっただろうし、教師としても、６年生の子どもたちがどこまでできるのかという感触を得ることができたと思われる。

〔２〕グループにおける対話的学び

　「前文」を学級全員で自分たちの言葉にするという学びをした次の時間、この日も六つのグループに分かれて条文の書き換えに取り組んだ。その際、留意することは次の４点だった。
　　・この時間に取り上げるのは、第三章の中の第11条、第12条、第13条の三つの条文であり、その中から、一人ひとりが一つ選んで自分なりの文章に直す。
　　・意味のわからない言葉がいくつもあるけれど、前の時間でやったように辞書を使わず、グループの仲間と考えを出し合うようにする。
　　・取り組んでいる条文は同じではないが、わからないこと、尋ねてみ

第Ⅱ部　学びを深める対話的学び

たいことをどんどんグループの仲間に訊く。そして、訊かれたら、自分が取り組んでいる条文でなくても答えるようにする。

・グループにおける学び合いを大切にするが、文章を書くのは一人ひとりである。仲間に訊いたこと、仲間から学んだことを生かし、それをもとに自分なりの文章にしていく。

　授業が始まると、上記のようなことについての教師からの説明があり、三つの条文がそれぞれ印刷された用紙が配られ、机を対面させるグループ型にして、対話が始まったのは授業開始から10分ほどたったころだった。それから、15分間、子どもたちはグループにおける対話と文の記述に没頭した。その様子を３台のビデオカメラが逐一記録している。授業者の原さんは、対話をするグループの間を、耳を澄ませながらそっと巡っていく。

　どのグループも、夢中になって聴き合っている。意味のわからない語句がいくつもあり、辞書は使えないのだから、自分たちの知恵を出し合うしかないのだ。そこでは、どんな対話がなされているのだろう。その対話のなかに子どもたち一人ひとりの学びが存在しているのだから、ここに原学級の「対話的学び」の実像があると考えられる。

美　嘉	益　夫
13条	12条
健　介	汐　里
13条	12条

　そこで、ある一つのグループの対話をのぞいてみることにする。

　このグループの構成は右のようになっている。名前の下に記したのはそれぞれが選んだ条文である。その二つの条文は、次のようなものである。

第12条〔自由及び権利の保持義務と公共福祉性〕
　この憲法が国民に保障する自由及び権利は、国民の不断の努力によって、これを保持しなければならない。又、国民は、これを濫用してはならないのであっ

93

て、常に公共の福祉のためにこれを利用する責任を負う。

第13条〔個人の尊重と公共の福祉〕
　すべて国民は、個人として尊重される。生命、自由及び幸福追求に対する国民の権利については、公共の福祉に反しない限り、立法その他の国政の上で、最大の尊重を必要とする。

①　用語の意味を対話的に探る

　グループの学びになって少しの時間、４人はそれぞれ配られた条文に目を通した。このグループだけではない。どのグループも同じだった。やがて、静けさの中で汐里がつぶやいた。それをきっかけに４人の口が開き始めた。

【汐　里】　よくわかんない！
【美　嘉】　これがわかんない、「尊重」。
【健　介】　「尊重」？　「大事にされる」。
【美　嘉】　ああ……。
【汐　里】　「不断」ってどういう意味？
【健　介】　「不断」？　第何条？
【汐里・美嘉】　第12条。

　子どもたちがぶつかった困難さは想定どおり用語の難しさだ。子どもたちの手元に辞書はない。だから、仲間に尋ねるしかない。それが対話になる。

【健　介】　……「がんばる」っていうことじゃない？……「断ることがない」ということだから。

第Ⅱ部　学びを深める対話的学び

【美　嘉】　へえー。「断ることがない」かあ。

【汐　里】　「断ることがない」ね。

【健　介】　たぶんだよ、たぶん。たぶんだよ、ほんとに。

【美　嘉】　「がんばる」。

【汐　里】　……まあ、字からしたらそうなるね。

【健　介】　「不断」の「断」って「ことわる」という字だから。

　子どもたちが日常目にし口にしている「ふだん」は「いつも、日常」という意味で使われる「普段」である。だから、「不断」と表記されたものを目にすることはなかっただろうから、わからないのも無理はない。しかし、健介は二つの漢字の組み合わせから推測で答える。その推測は当たってはいなかったのだが、このように考えてみることが大切だ。辞書を使わない効果は、対話的になるということとともに、学びの中身にも及ぶ。

【益　夫】　「及び」って何？

【汐　里】　「及び」は「〜や」……「自由や権利」ということ。

【益　夫】　じゃ、「保持」って何？

【健　介】　「保持」っていうのは「たもつ」だから。

【美　嘉】　「大切に持つ」。

【汐　里】　「たもっています」。

【健　介】　「幸福」って、簡単に言うと、普通の「幸福」でいいのかなあ。

【汐　里】　「幸福」は「幸福」でいいんじゃない？

【益　夫】　「又」……？

【美　嘉】　「又」……？　「又」はそのままでいいんじゃない？

【汐　里】　「又」……。意味、わかんない。健介、これどういうこと、「又」って？

【健　介】　それは「そして」じゃない？　「又」というのは「もう一つ」

95

という意味もあるけど、「そして」じゃない。

　益夫は、最初は、黙っていた。それがここに来て立て続けに三つの用語を持ちだしてきた。「及び」「保持」「又」の三つである。その質問を他の３人が当たり前のように受けとめている。なかでも、健介は、あたかも回答者であるかのように答えている。その健介が、ここで自分のわからなさを出してくる。

【健　介】　それより、「濫用」って何？……第12条。

【美　嘉】　「濫用」？

【益　夫】　「濫」、字がわかんない。（別の漢字である「乱」を書いてみる）

【健　介】　それはないなと思う。「濫用」の「濫」と字が違うから。

【益　夫】　後で国語辞典引いてみよ。

【汐　里】　わかんないなあ。ずっとここ（不断）で困っているんだけど。

【美　嘉】　「幸福追求」？

【健　介】　「追求」とは？

【美　嘉】　「追求」？　「求めて追うこと」だよね。

【汐　里】　「常に」は、「いつも」っていうことじゃない？

【美　嘉】　うん。「いつも、ずっと」。

【健　介】　だけど、「幸福追求」ってつながっていると思うよ。「幸福追求」ってなっているから。

【汐　里】　はあ、何、「幸福追求」って？

【美　嘉】　どういうこと？　……ああ、そうか。つながっているもんね。

【益　夫】　「公共」って何？

【健　介】　「生命」点（、）「自由及び」…で、「幸福」だったらいいんだけど「幸福追求」になっているから。

【美　嘉】　うん、「幸福」と「追求」と……。

【健　介】　「及び」って点（、）の役割でしょ。

第Ⅱ部　学びを深める対話的学び

【汐　里】　でも、もし、ここ（「幸福」と「追求」の間）にも「及び」を
　　　　　　入れたら、「幸福及び追求」ってなるやん。
【健　介】　……。
【汐　里】　もしここが分かれてるとしたら、そしたらなんかおかしくな
　　　　　　るから……「こういうことにしといて」ということじゃない。
【健　介】　「自由及び幸福」でつなげばいいのに、なんで「自由及び幸
　　　　　　福追求」なんかなあ？

　健介がわからなかったのは、「濫用」という用語と、「幸福」ではなく
「幸福追求」となっていることだった。それまで自信たっぷりな様子で
他の３人の質問に答えていた健介だが、ここでは、健介の疑問に他の３
人が応じている。対話にはこういう対等性がとても大切だ。
　それはさておき、ここで健介が「幸福」と「追求」という二つをつな
げた「幸福追求」という用語になっていることに強い関心を示している
ことに注目したい。このことについては後述する。

【美　嘉】　「責任」は、「責任」でいいよね。
【汐　里】　「責任」は「責任」でいいじゃん。……それより、ここ（不断）
　　　　　　でずっと止まっているんですけど……。
【美　嘉】　「権利」とは、簡単でいいよね。「権利」とは普通に「権利」
　　　　　　でわかるよね。
【益　夫】　「責任を負う」の「負う」って、最後のところ、なんて書け
　　　　　　ばいいかなあ？
【美　嘉】　「責任を持つ」。
【健　介】　やっぱり「濫用」、わかんない！

　いくつかの理解し難い用語を、一つひとつ出し合ってきたのだが、こ
こに来て、どれだけ考えてもわからない用語が浮き彫りになってきた。

97

「濫用」である。ただ、その「濫用」がどうしてもわからないとつぶやいているのは、その用語が出てこない第13条を選んだ健介なのである。彼は、ここまで、他の3人のわからなさにすべて付き合ってきた。それが彼の責任であるかのように。

ところが、「濫用」はどう考えてもわからない。そこへ、グループの様子を見て回っていた原さんがやってきた。健介は、そっと訴えた。

【健　介】　先生！　国語辞典使ってはいけないんですか？
【原　Ｔ】　調べたくなった？
【汐　里】　「濫用」がわかんないんですよ。
【原　Ｔ】　何回訊いてもわからなかった？
【益　夫】　「幸福追求」というところも。
【汐　里】　「不断」もわかんない。
【美　嘉】　私も「公共」がわかんない。
【原　Ｔ】　いろいろ訊いてみたけど、（国語辞典を）見たくなってきたか。
　　　　　　……取りに行っといで。

　ここまで15分近く、子どもたちは辞書に頼ることなく、頭を絞って難しい用語の意味を探ってきた。しかし、それも限界。「濫用」だけではない。「不断」「幸福追求」、そして、話題にはなっていなかった「公共」も出てきた。愉快なのは「幸福追求」と口にしたのは、その用語が出てこない第12条を選んだ益夫だったことだ。健介もそうだったが、どうやら子どもたちは、自分たちのグループは第12条と第13条という二つの条文を選んだという意識になっていたのだろう。このことも、学びが対話的になる大切な要素にちがいない。

　健介の訴えを受けて原さんは子どもたちが辞書を使うことを解禁するのだが、このタイミングは絶妙だった。「不断」のように意味を間違ってとらえていたのはこのグループだけではなかっただろう。もちろん「濫

用」のように全くわからない用語もある。このまま辞書なしで続ければ学びの中身が伴わなくなる。原さんは、きっと解禁する頃合いを見計らっていたのだろう。その頃合いが、子どもの方から訴えが出たこのときだったというのが素晴らしい。

　もちろん、ここまで、辞書を使わないで考えさせたことは、学びを生みだすためにとてもよいことだった。最初から辞書に頼れば、用語の意味も、なぜその用語が使われているのかも考えることなく、ただ機械的に書き換えるだけになる可能性がある。そして、何よりもよかったのは、対話的な学びになったことである。このグループがそうであったように、六つのグループはいずれも、グループとしての学び合いを実行していた。そうなった要因の一つに安易に辞書を使わせなかったことがあったのだ。

②　自分の言葉で文章にするために

　辞書の使用が解禁されて、どのグループでも、自分たちが考えたのが「合っていた」とか「そういう意味だったのか」などという反応が出てきた。それは、条文の意味が読み取れていくことを表していた。

　しかし、辞書の意味はわかっても、その意味を条文に当てはめてみると、なんだかしっくりこない、ということが起きてきた。この時間の最初に原さんが子どもたちに課した課題は「自分たちの言葉にする」ということだったから、しっくりこないままですませるわけにはいかない。これは子どもたちにとってかなりのハードルだ。

　該当のグループでぶつかっていたのは「公共の福祉」という用語だった。そこで、子どもたちはどういう対話をしていたか、耳を傾けてみることにする。

公共の福祉
【汐　里】「福祉」って？

【美　嘉】　「公共の福祉」のところ？

【汐　里】　（辞典を引く）……あった！……「社会一般の人々」って書い
　　　　　てある。

【美　嘉】　「社会一般の人々」……。

【美　嘉】　じゃ、あと、「福祉」だね。

【汐　里】　（辞典を引く）……「満足できる生活」。

【益　夫】　なんか、辞典のようにすると、日本語がへんになる。

【汐　里】　「福祉」って、「満足する生活」と書いてあるけど、そのまま
　　　　　当てはめるとへんな文になる。

　益夫と汐里は、辞書に書かれている言葉をつなげて「社会一般の人々
の満足する生活」としてみたのだろう。しかし、それではすっと心に入っ
てこない。その気持ちを２人は「へんになる」と表現したのだ。法律で
使用されている用語を、生活実感のある言葉に置き換えるということは
大人でも簡単なことではない。それを、子どもが、しかも条文を目にし
てさほど時間が経過していない段階でやろうとしているのだから戸惑う
のも無理はない。けれども、その難しさに向き合うことで、「公共の福祉」
をうたった憲法の趣旨が子どもの内に入ってくる。

　ここで、子どもたちの対話に耳を澄ませていた原さんが言葉をかけた。

【原　　Ｔ】　（辞典には）そう書いてあるけど、「満足な生活」ってどうい
　　　　　うこと？

【益　夫】　「福祉」というのは、障がい者の人ができない生活があるから、
　　　　　満足する生活にするために福祉というものがある。

【原　　Ｔ】　障がいのある人のことを思い浮かべたのね。

【原　　Ｔ】　ねえ、みんな。ちょっといい？　訊いていいですか？　「公
　　　　　共の福祉」という言葉が第12条と第13条に出てきたでしょ。
　　　　　その言葉について考えてみた？　辞典で調べると何と載って

いた？　調べた人いるでしょ。

【別のグループのB男】　（「公共」について）「社会一般の人々に関すること」。

【美　嘉】　（「福祉」について）「満足する生活環境」。

【原　T】　「社会一般の人々」とか「満足する生活環境」と書いてあるけど、それをそのまま書くんじゃなくて、その言葉から、どんな社会、どんな生活をイメージすればいいかな？　みんな、考えてみて。……グループで聴き合ってごらん。

　原さんは、該当のグループだけでなく子どもたち全員に呼びかけた。この時間の課題である「自分たちの言葉にする」ということは、具体的にこういうことなのだと知らせるチャンスだと判断したからだろう。

　原さんの指示を受けて、このグループはどういう考え方をしていくのか、続けてのぞいてみることにしよう。

【美　嘉】　みんなが平等で不自由がない。

【益　夫】　不自由とかないんだ。……差別がないんだよね。

【美　嘉】　差別じゃなくて区別がないということじゃない？

【汐　里】　差別じゃなくて区別がないってどういうこと？

【美　嘉】　みんながよいということ。

【益　夫】　障がい者も関係なく……。

【美　嘉】　みんな同じ。

【益　夫】　それができない。

【美　嘉】　なんでできないの？

【益　夫】　障がい者の人を見るとかわいそうになってくるから……。

　グループの対話に戻っていきなり、美嘉が「みんなが平等で不自由がない」と言ったのは驚きだ。彼女は、「社会一般の人々」を「みんな」

と言い換えた。「満足する生活環境」を「平等で不自由がない」と表した。彼女の内からどのようにしてこの言葉が出てきたのだろう。

　その美嘉の言葉から「差別がない」社会だというイメージが生まれ、それは「みんながよいということ」だと続いた。そこから益夫が「障がい者も関係なく」よいということなのだと続ける。益夫は、原さんが「満足な生活ってどういうこと？」と尋ねたときにすでに障がいのある人のことを語っている。それをここでも口にしている。きっと彼の経験のなかに、または今も、障がいのある人とのかかわりがあり、それらの人もすべての人が平等に満足できる社会になったらという思いがあるのだろう。彼が最後に言った「かわいそうになってくるから」という一言に、条文に書かれているようにするにはと考えた彼のまっすぐな思いが存在している。

　ちなみに、彼は、この後、教師（原さん）の指名を受けて学級のみんなの前で「公共の福祉」ということについて、「社会でだれもがみんな満足というか不自由がない生活になることだと思います」と述べている。

　さて、4人は、どのような文章を書いたのだろうか。この日初めて目にした文言をこんなにも短い時間で、しかも自分たちで読み、そのうえ自分たちなりの言葉で文章にする、それは簡単なことではなかった。だから、書き上げた文章もつぎはぎの未完成感の漂ったものである。けれども、そこに、子どもたちの学びの足跡、仲間と学び合った充実感、教えられるのではなく自分たちでつき詰めていく醍醐味が表れていると感じるのは私だけではないだろう。

【汐里・12条】
　このきまりが、日本に住む国民が守る自由や権利は、日本に住む人（国民）のつづける努力によって、これをたもたなければならない。そして、日本に住む人（国民）は、これをやたらに使ってはいけなくて、いつも、人々の良い生活のためにこれを利用する責任を持つ。
【益夫・12条】

第Ⅱ部　学びを深める対話的学び

> 　このきまりが、日本の人が守る自由の権利は、日本の人の休みなく続け、こ
> れをたもたなければいけない。そして、日本の人は、これを勝手に利用しては
> ならないのであって、ずっと社会のまんぞくする生活のためにこれを使う責任
> を持つ。
>
> 【美嘉・13条】
> 　すべての日本の人は、自分として大事にされる命、自由など、幸福を深く追
> うことに対する日本の人のやく目については、みんながあつまる場の福祉（み
> んながよりよい生活ができるように）に反対しない限り、定められた法律、そ
> の他の国の政治の上で、最大の、相手の立場を必要とする。

　最後にもう一人の健介だが、彼についてもう少し述べておきたい。そ
れは、辞書活用後、原さんが、健介たちのグループが「公共の福祉」に
辞書に載っている言葉をそのまま当てはめると「へんな文章になった」
と言っていたのを取り上げて全員に考えさせたあの辺りから、全くグ
ループの対話に加わっていないということについてである。

　前述したように、彼は、グループの対話の中心になって他の３人と言
葉を交わしていた。その健介が一言も語ろうとしなかったのだ。その理
由は本人に尋ねるしかないのだが、私には、きっとこういうことだった
のではないかと思い当たる節がある。それは、「幸福追求」について「『自
由及び幸福』でつなげばいいのに、なんで『自由及び幸福追求』なんか
なあ？」とつぶやいていたところである。彼は、このことを考え続けて
いたのだ。しかし、グループのみんなは「公共の福祉」を考えている。
授業時間も少なくなって、彼は、グループの話題になっている「公共の
福祉」ではなく、自分の知りたいことに没頭したのだ。そうでなければ、
前半の彼の様子とのギャップの説明がつかない。

　もちろんそうかどうかはわからない。けれども、そういう仮説のもと、
彼が書いた文章を見てみることにしよう。

> **【健介・13条】**
> 　すべての国の人は、一人（自分は自分）として大事にされる。命、自由と幸福について追い続ける姿に対する国の人の権利については、社会の人々が幸せになれないようにしない限り、定められた法律と、その他の国の政治の中で、最大の尊重が必要となる。

　まだまだ文章としては整ってはいない。けれども、「幸福追求」については、彼なりの考えを導きだしたようである。国民一人ひとりが尊重される権利、それは、一つは生命であり、二つ目には自由であり、そして三つ目が、幸福が尊重されるというより、「どこまでも幸福を追い続けること」が尊重されているのだと読み取れたからである。

〔3〕子どもが対話的に探究する学びの大切さ

　大城小学校のある小牧市は、10年以上も前から、「学び合う学び」に取り組んできた市である。そういう意味では、どの学校でも対話的学びへの取り組みはそれなりに積まれている。私は、これまで小牧市のいくつかの学校を訪問してきたのだが、大城小学校にかかわるようになったのは3年ほど前からである。

　ただ、大城小学校に限らず、取り組まれてきた教科としては、小学校の場合、国語、算数が多かったのではないだろうか。しかし、対話的学びは、社会科や理科でも、いやむしろ探究という観点から考えると、社会科や理科のほうが深まりをもたらしてくれる。

　今回の原さんの授業は、一つの挑戦だった。国語や算数ではなく社会科を取り上げたということもあるが、日本国憲法を子どもなりの言葉で文章にするという授業事例はこれまで皆無だったからである。そういう意味で、それを実施してくださった原さん、そしてその授業を支えてくださった梶田校長の熱意と努力に感謝である。

　授業後に書いた子どもたちの感想に次のようなものがあった。

> ・難しい言葉ばかりでわからなかったけど、一人一人の命の尊重を第一に考え
> ていると思いました。
> ・わたしは、憲法は、私たちのけんりを守ったりしてくれているのだなと思い
> ました。わたしたちが自由に生きていけたりする権利をもてているんだと思
> いました。
> ・自分たちは、この日本の人のためであり、日本人として一つ一つ責任を持つ
> ということがわかりました。
> ・一人一人、大切にしないといけないな。

　授業を参観し、このような感想を読んで実感したのは、子どもは、難
しいと感じるくらいの課題に向き合ったとき、意欲的になり、対話的に
なるということだ。もちろん、記録を読んでいただいてわかるように、
子どもたちはすっきりとよい文章にできたわけではない。日本国憲法が
６年生として驚くほど深く理解できたというわけでもない。けれども、
憲法の三大基本原理を教師から一方的に教えられる概略的な授業では得
られない憲法への関心と意識が生まれたことに疑いはない。憲法に関す
る学習は、中学３年の公民においてさらに時間をかけて行うことになる。
この後の深まりはそこに委ねればよい。

　そういう学びの深まりとともに私たちが認識しなければいけないの
は、子どもたちが目を輝かせて取り組んだ学びの姿だ。私たちが理想と
するのは、夢中になって、学びに没頭する子どもの姿である。難しい課
題、自分のわからなさに、仲間との対話的学びによって立ち向かう子ど
もたちの姿である。原さんのこの授業は、そういう学びへの扉を開いて
いる。

4 英語の学びが活用的・協同的になるとき
——中学校3年英語「絵本の結末を英語で表現する」の授業

〔1〕どんな英語の授業を目指すか

　今、外国語教育、とりわけ英語教育は重要な局面を迎えている。2020年度実施の学習指導要領において、小学校高学年で「外国語科」という教科が設けられ、これまで行われていた外国語活動が3年生まで前倒しされることがその一因なのだが、私が言う局面とはそういうことだけではない。英語教育の時間数とか、何歳から行うかといった量的なこともあるが、どういう内容の学びを行うかという質が問われなければならない時代に入ってきたと思うからである。

　数年もすれば、自動翻訳機が電卓のように使えるようになるとのことである。もちろん、世界のグローバル化はますます進行し、文化や産業面だけでなく、国民の生活レベルまでの国際化がますます広がる。そんな時代に、多くの英単語を覚える、英文法を理解する、簡単な会話ができるようにするといった英語教育でこと足りるわけがない。それはすべてスキルの訓練でしかないからである。もちろんスキルを学ぶことが必要ないということを言っているわけではない。けれども、そういうことだけではなく、英語を使って思考する、探究する、論議する、表現する、そういった活用的な学びこそ必要なのである。そうでないと、外国の人とのかかわりを深めることができないからである。

　しかし、外国語を活用するとは言ってもその実現は容易なことではない。戦中に生まれ戦後十年たった頃の英語教育しか受けてこなかった私にはよくわかる。今の子どもたちにとっても、英語が駆使できるようになるまでのハードルは決して低くはない。もちろん、英語に対する苦手

意識を抱いている子どももかなりいるにちがいないのだから。

　だからと言って、いつまでもスキルの訓練だけの英語教育ですませておくわけにはいかない。活用する英語教育を実現しなければならない。いや、むしろ、英語を苦手にしている子どもにとっても、ただスキル的なことを繰り返し学習させられるより、何らかの目的に向かって活用する学びのほうが意欲的になれるのではないだろうか。そして、その際、仲間との協同的な学び合いを取り入れればすべての子どもが取り組める。

　こうして、今、少しずつ、活用的・協同的な英語の授業が行われるようになってきている。その授業こそ、英語教育における「対話的学び」なのである。

　これからご覧いただくのは、津市立みさとの丘学園（義務教育学校・鈴木智巳校長）の角谷美幸さんが行った９年生（中学３年生）における授業である。みさとの丘学園では、これまでも、他教科の内容と英語学習を結びつけたCLIL（Content and Language Integrated Learning　内容重視英語教育）の実践を行ってきた。そして、今回は、イギリスの小学生向けの英文の絵本を取り上げ、自分たちの考えを英文にするという授業に取り組んだ。

〔２〕授業の始まり

　角谷さんが教材として取り上げたのは、『What a Bad Dog!』。「Oxford Reading Tree」は、イギリスの小学校で使用されているステージ１から９に至る200話以上からなる国語のテキストで、『What a Bad Dog!』は、ステージ２の中の１冊である。

　表紙（右に掲載）に描かれている犬、それがこのお話の主人公Floppyである。書名でわかるように、Floppyは、いろいろ家族を困らせ

ることをする。表紙をめくった第1ページに描かれているのは塗ったばかりのコンクリート舗装の上を走り穴ぼこを開けてしまう場面である。その次のページには、泥水に入った自分のからだを震わせて、泥のしぶきを飛ばしてしまう場面が描かれている。その次には、干してあった洗濯物を口にくわえて走り、洗濯物を土の上に落として汚してしまうところ、さらにその次は、せっかく積み上げたレゴの塔を倒してしまうところ、というように。そして、とうとうDadのスリッパを口にくわえて破ってしまうに及び、Mumから「What a bad dog!」と言われてしまう。

次のページをめくると、Dadがベッドで横になっている夜、下の階でFloppyが激しくほえている。「What a bad dog!」と、Dadはガウンを着て階下へ降りる。すると、キッチンに置いてあったトレイから火が出ている。Floppyは、ほえてそれを知らせてくれたのだ。

©Oxford University Press 2019

そして、絵本は last page になる。そこには、上の絵が描かれている。当然、絵の下には、文があるのだが、角谷さんは、その部分に紙を貼り、子どもたちに見えないようにしている。

授業は次のように始まった。

この日はALTのEmily Ann Yandelさんも角谷さんと一緒に授業に当たっている。授業は、そのEmilyさんとの英語によるあいさつで始まり、Emilyさんの提示するトピックによってペアの相手との1分間の英会話（one-minute conversation）を行った。授業の始めにいつも行っている活動である。

one-minute conversation がすむと、角谷さんが絵本の表紙だけを見せ、「きょうは、この絵本で学ぶ」と告げる。そして、どういう話か、グループで読むように指示する。絵本の内容も、単語の意味の説明もな

第Ⅱ部　学びを深める対話的学び

し。子どもたちは辞書も使わず、知らない英単語は絵で想像しながら、グループで気づいたことを出し合って読み取っていく。

　次に、ALTのEmilyさんが英文を音読し、子どもたちがEmilyさんが読むとおり復唱する。

　ここで、角谷さんが、この時間のCAN DO（学習到達目標）「I can describe the situation about the last page.」を提示する。絵本の最終ページ（前ページ参照）を見せ、絵の下に文が書いてあったのだけれど、隠された部分に合う文をつくる、それがこの時間の課題だというわけである。

　子どもたちは、再びグループになって、思い思いに文の作成に入る。文をつくるのは一人ひとりなのだけれど、グループでおおいに尋ね合うようにという指示が出ていることもあり、どのグループでも、ごく自然に対話が始まった。

　私はビデオカメラを手に、グループに近づく。そこで撮影した二つのグループでどのような対話がなされていたか、その様子をのぞいてみることにする。

〔3〕グループにおける対話

| 第2グループ |

　結月、大和、咲良、瑛太の4人グループ。一人ひとりがそれぞれ文をつくっている。とは言っても4人とも自分だけの思考に閉じこもっているのではなく、互いのことを意識し合っている雰囲気がある。

咲良	大和
瑛太	結月

【結　月】　（横の席の大和に声をかける。）どう書いたん？

　さりげない声のかけ方だ。声をかけられた大和は英語を苦手にしてい

る。だから、今の今まで前の席の咲良の助けを借りて文をつくっていた。その大和に結月が声をかけた。実は、結月も、このとき、まだ書けていなかったのだ。けれども、咲良との様子を見ていて大和がほぼ書き終えたらしいと思ったので「どうだったかな？」と思って声をかけたのだろう。

【大　和】　(結月の声かけに応えて、書きかけの文を読む。) Family is helped by Floppy. ……書いたか？

　自分の文を読み上げてから、逆に結月はどうかと尋ねた。自分もそうだったけど、結月もなかなか書けずに苦労していることは大和にもわかっていた。だから、当たり前のように尋ねたのだろう。2人がともに相手のことを気遣っている。

【結　月】　(まだ書けていないので、)「フロッピーのおかげ」ってどうやって書くの？
【瑛　太】　「おかげ」って……？　英語では何や？
【咲　良】　「何々によって」ということじゃない。
【結　月】　「フロッピーによって」やったら、「by」？
【咲　良】　「家族は、フロッピーによって助けられた」……それやったら受け身、使えるよな。
【瑛　太】　(それやったら) 大和といっしょの文になるやん。

　4人が互いのことを常に意識していると、こういう対話が自然に生まれる。結月の質問は大和とのかかわりのなかで出てきたものなのに、大和ではなく瞬間的に瑛太と咲良が反応しているからだ。しかも、結月の質問に答えただけでなく、結月が書こうとしていることをまるで自分のことのように考えていく。当然、そのときは、瑛太も咲良も自分が書い

第Ⅱ部　学びを深める対話的学び

ている文は横に置いてということなのだが、それを普通に実行している。

　ところで、結月が書こうとしていたのはどういうことだったのだろう。それは当然、「フロッピーのおかげで○○になった」ということだったのだろうが、その「○○」が何なのかは言っていない。それがわからないまま、「おかげ」ということは「によって」ではないかとなり、それが受身形の「by」につながった。そして、「家族は、フロッピーによって助けられた」という文が浮かび上がった。

　それを聴いた瑛太がすかさず言った、それは大和が書いていたものと同じだと。なんでもないことだけれど、４人の意識がつながり合っていないとこういうことは生まれない。大和の書いていた文がどういうものだったかは、先ほどの大和と結月のやりとりを聴いていなければわからないことだからだ。つまり、瑛太は大和と直接対話をしていたのではないけれど聴いていたのだ。つまり「学び合う学び」を実行している教室では、グループ内で交わされる言葉が４人のうちの２人において交わされるものであっても、常に、自分たち４人のものとして注意が払われているのだ。

　ところが、「大和の文と同じ」という瑛太の指摘に対して結月は何も反応しない。後でわかることだが、結月が書こうとしていた「○○になった」は、大和と同じ「助けられた」ではなかったのだ。彼女は、そのことを口にしない。それは、せっかく自分のために考えてくれたのに即座に否定することなどできることではなかったからかもしれない。もちろん、彼女の頭の中を占めていたのは、「by」を使うとどういう文になるかということだったこともあるのだろう。

　結月が黙って考え始めた。それを見た瑛太は、視線を戻し、再び自分がつくろうとしている文に向き合った。そのとき、彼の口からふっとつぶやきがもれた。

111

【瑛　太】　そもそも日本語が（英文ではなく日本語の言葉さえも）思いつ
　　　　　かん。
【大　和】　それ、わかるわあ。……「このとき、フロッピーははじめて
　　　　　仕事した」。
【結　月】　Family is……？
【大　和】　「フロッピーはすごいことをした」。
【結　月】　Family is……？
【大　和】　「フロッピーはいつも……すごく役に立った」。

　瑛太がつぶやいたのは、英文でどう書くかより前に日本語ででもよい
から話の結末に合う自分らしい文を考えようとしたのだけれど、それす
ら浮かばないということだった。だれかに尋ねたわけではない。思わず
口にしたつぶやきだ。愉快なのは、それを耳にした大和が立て続けに三
つの文を出していることである。なんと気さくで人のいい子どもだろう。
この日もそうだけれど、彼は、英語の時間になるといつもわからなくなっ
て、グループの仲間の助けを借りている。それだけに、瑛太の「思いつ
かん」という一言に強く共感したにちがいない。しかし、それが英語の
ことだったら自分にはなんともできない。ところが、瑛太は「日本語が
思いつかん」とつぶやいた。大和は「おおっ」と思ったにちがいない。
　もちろんこれを英文にしなければならないのだから、英作文と離れた
このようなやりとりをしていたのでは……ということになるかもしれな
いが、ここに対話にとってとても重要なことがあるので、そのことにつ
いて述べておきたい。それは、対話における「対等性」ということにつ
いてである。私は、話を交わす者同士に上下意識がある場合、その話は
対話とは呼べないということを「対話の基本的事項」に掲げたし、第Ⅱ
部1や2の国語や数学の事例でも述べている。対話は互恵的になるべき
である。双方が互いの考えを聴き合い、そのやりとりが双方に気づきや
喜びをもたらす、それが対話である。私は、大和が立て続けに三つもの

日本語の文章を口にしたとき、まさにその「対等性」を実感した。学力の差によってものが言えなくなる人間関係では決して対話は生まれない。私は、ここぞとばかりに三つの文を出してきた大和とそれをやわらかく受けとめた瑛太のかかわりを前にして、こうでなければ対話は生まれないのだと痛感したのだった。

　そんな２人のやりとりの一方、結月が「Family is……？」と独り言を言いながら考え続けている。グループの学びで、このように別々のことをすることがあってよいと私は考えている。そもそもグループは、それぞれの学びを豊かにするために協同的・対話的に学び合うためのものである。だから、ときには一人になって考えてもよいのだし、２人ずつになってもよいのだし、もちろん必要なときにはきっちり４人全員になって額を寄せ合う。つまり、一人ひとりの学びを深めるために、そのときそのとき、もっともよい学び方がとれるのがいちばんよいのである。

　ただし、そういうふうにしていると、４人がめいめい勝手になってしまって、学び合えなくなる危険性はある。けれども、この学級の子どもたちを見ていると、そういう心配が少しも感じられない。なんだか、一人ひとりに４人の輪の中にいる安心感があるように見える。だから、いつでも、どのようにでも学び合えるのだろう。この関係性ができていることが素晴らしい。

　さて、大和が三つ目の文を出したそのときだった。結月が、ようやくわかったというように「Family is……」の文を最後まで口にして、これでどう？というようにグループのみんなの顔を見たのだった。

【結　月】　「Family is happy by Floppy」では？

　結月が「Family is」の後に続けたのは、大和が書いていた「help」ではなく「happy」だった。彼女は、「〜のおかげ」が「〜によって」という言い方の「by」で表せることを学び、ようやく「幸せになった」

という結末の文をつくることができたということなのである。

　そこに授業をしている角谷さんが通りかかり、結月が書いていた
「Family is happy by Floppy」を目にする。そして、こう語りかけた。

【角谷T】　(「is」を指して) 意味分かる？　「is」ってわかる？

　結月はどう答えてよいかわからず逡巡する。

【角谷T】　(「happy」を指して) (「is」なら「happy」という状態に) なっ
　　　　　てる？　まだなってへん？
【結　月】　なってへん。
【瑛　太】　(ということは「is」ではなく) 過去形？
【結　月】　過去形？
【瑛　太】　「was」？
【結　月】　「was」かあ？

　角谷さんは結月に語りかけたのだが、その言葉をグループの子どもた
ちは全員で受けとめる。何度も述べるが、それはグループ内の学びに対
して全員の共有意識があるからだ。どんなに一人ひとりが別々の文をつ
くっていても、いつもそれぞれのことを意識し、だれかに何かが起これ
ば自分のことからいったん離れて仲間の問題に向き合う、それが自然体
でできているからだ。
　「この出来事で家族はハッピーになったと書きたいのか、これからハッ
ピーになると書きたいのか、どっちなの？　それによって、書き方は変
わるよ」というのが角谷さんの投げかけなのだが、結月が「まだなって
いない」と答えたことによって、過去形表現「was」を瑛太が持ち出し
たのだ。それに対して「wasかあ？」と結月がまた考えこむ。角谷さんは、

第Ⅱ部　学びを深める対話的学び

【角谷T】　（なってない）でもいいし、「なる」でもいいよ。

と言う。そして、そこから後は自分たちで考えなさいというようにグループから離れていった。どういう文にするかは一人ひとりが考えること、そのために子どもたちはグループで支え合う、けれども、子どもだけでは深まらない、教師のこういうちょっとしたかかわりが子どもたちの思考を活性化する、角谷さんが語りかけたのはそう考えたからだろう。

　角谷さんが遠ざかった後、子どもたちは、さあ、どっちにしようかと考える。

【結　　月】　「will」？
【咲　　良】　「なる」「なっている」？
【結　　月】　「なっている」。……「be」？
【咲　　良】　「become」？
【結　　月】　そこらへん、全然、わからへん！

　「was」ならもう幸せになっている。けれども、そうではなく、その幸せ感が生まれてきて、これからもさらに深まっていくというのなら、過去形ではよくないのではないか、結月は、そう考えたのだろう。このとき、ここまで黙って角谷さんとのやりとりを聴いていた咲良が口を開く、「become」ではないかと。

　角谷さんの語りかけに反応していたのは「Family is happy by Floppy」と書いていた結月とその前の席の瑛太の2人だけだった。しかし、言葉を発してはいないけれど、大和も咲良もその様子に耳をそばだてていた。だから、咲良が、「なる」と「なっている」のどっちにしたいのかと結月に尋ねたのだ。そして、「なっている」と答えたのでそれなら「become」なのではないかと言ったのだ。

　教師のアドバイスを受け、仲間にともに考えてもらった結月だが、ま

115

だこの段階ではすっきりとしなかったようだ。けれども、この後彼女が書いた英文には、次のように、咲良が言ってくれた「become」の過去形である「became」が使われていた。彼女にとって、このときの学びは大きかったと言える。

Family became happy by Floppy. Thank you for helping us.

ところで、このグループの他の３人の作った文はどうなっていたかだが、大和の文は、対話のなかで彼が語っているように、上記の「became happy」が「is helped」になったものだった。そして後の２人だが、咲良については、次の節で読んでいただくことになるのでそちらを見ていただくとして、「日本語が思いつかん」と言っていた瑛太は、下のような文を作成していた。

Floppy is important for his family. So he became a new hero.

彼はこういう文をつくっていたのだが、「important」という言葉を使ったのは、大和の言った「すごいことをした」も参考になったのかもしれない。その一方で、自分の書きたいこととは全く異なる結月の相談に対応していたのだが、それは結月への支援になっただけでなく、彼自身の学びにもなっていたように思われる。二つ目の文で「became」が使われているからである。彼は、結月と咲良とのやりとりから学んで、この単語を使ったのだとしたらそれは素晴らしいことである。

第４グループ

芽衣、杏、奏汰、琴音の４人グループ。グループの時間が半ばを過ぎたころだった。カメラのレンズを第４グループに向けると、ちょうど芽依が、どう英文にすればよいか困って、グループのメンバーに相談をもちかけたところだった。

	奏汰
杏	
琴音	芽衣

第Ⅱ部　学びを深める対話的学び

【芽　依】　「フロッピーはヒーローです」。……私たちを助けてくれた
　　　　　　ヒーロー。
【　杏　】　「ヒーローです」というと……？
【奏　汰】　してくれた（……ということ）？
【芽　依】　してくれた。現在形？　過去形？

　芽依は、最後のページに描かれた家族が、あやうくキッチンが火事に
なる危険を知らせてくれたフロッピーのことを「自分たちのヒーローだ」
と言っていると考えたのだ。杏と奏汰は、そう書くためには、その前に
どんなことをしてくれたかを書かないと、と考えたのだろう。だから奏
汰が「してくれた」ということを言いだしたのだ。すると、芽依が、そ
れは現在形表現で書くのか、過去形で書くのかと尋ねる。尋ねられた奏
汰は、みんなと顔を見合わせ、困ったようににこにこする。杏も琴音も
答えられない。
　どうすることもできなくなった芽依が、ALTのEmilyさんを呼ぶ。

【芽　依】　（Emilyさんに）「私たちを助けてくれた」というのは……？
【琴　音】　（Emilyさんが答える前に）Thank you helping us……（これで
　　　　　　いいの？というようにEmilyさんを見る）
【Emily】　Thak you……。

　ここまで言ったEmilyさんは、「helping us」は言わないでにこやかに
子どもたちを見つめる。それは、この後のところをもう少し考えたほう
がよいという示唆なのだが、そうははっきりとは言わない。パフォーマ
ンス的になったりすぐに教えたりしがちなALTが多いなか、子どもに
尋ねられたのにすぐに教えようとしないEmilyさんの対応は素晴らし
い。日頃から、グループになって学ぶときは子どもたちに考えさせると
いうことが、角谷さんから伝えられているにちがいないが、それだけで

117

なく、子どもが協同的に学ぶことの大切さがわかっているのだろう。

【奏　汰】　(そうかっと気づいたように) for……。
【琴　音】　(奏汰の気づきを受けて) for helping……？
【Emily】　for helping……。

　琴音の言ったことを繰り返すEmilyさん。それは「helping us」を繰り返さなかったときと比較すればわかることだが、「for」の使用はそれでよいということなのだろう。しかし、その後は続けない。ここでもまたにこやかに子どもたちを見つめている。

【芽　依】　(Emilyさんにその後を続けてほしいので) 続く、続く、coming
　　　　　……。

と言うのだが、Emilyさんは微笑んでいるだけ。仕方なく、芽衣はまた自分で考える。
　すると、何かに気づいたように、最終ページのにこやかな表情でフロッピーを囲んでいる絵を手で示しながら言いだす。

【芽　依】　we hero……？

　芽衣は、そもそも「フロッピーはヒーローです」と書きたかったのだった。しかし、それはどんなことをしてくれたからなのかを書かないといけないという指摘が出たので、「私たちを助けてくれた」という一節を考えてきた。それもほぼわかってきた、それで改めて「ヒーロー」を持ちだしたのだと思われる。

【　杏　】　私たちの？

118

第Ⅱ部　学びを深める対話的学び

　芽依が「hero」の前に「we」という単語をつけた。このとき杏が「私たちの？」とやや否定的に問いかけた。それは、「we」は「私たちは」であり「私たちの」ということにならないということを言いたかったからだ。芽衣にも主格と所有格の違いはわかっていたのだろう、すぐそのことに気づく。

【芽　依】　<u>our hero.</u>
【　杏　】　<u>助けてくれた、私たちの……やろ。</u>
【芽　依】　<u>そうそう。私たちのヒーロー。</u>

　こうして、芽依の書きたいことが、少しずつ少しずつ形になっていく。後は、「私たちを助けてくれた」というところと「our hero」をつないで一つの文にすることだ。すると奏汰が助け舟を出そうとする。

【奏　汰】　<u>何々したら、何々だ……（ということじゃない）？</u>
【琴　音】　<u>ちがうかな？　何々したというのは。</u>
【　杏　】　<u>（「何々したら何々」ということではなくて）助けてくれた私たちのヒーローです（だろう、と芽依に言う）。</u>
【芽　依】　<u>（そうだというように）助けてくれたフロッピーは……。</u>
【琴　音】　<u>The dog helping us……？　（となるのではないかと言う。）</u>
【奏　汰】　<u>The dog help us is Floppy……？　（ということではだめなのかというように出すのだが、他の３人は、ちょっとそうじゃないなというような表情をする。）</u>
【琴　音】　<u>私たちの……our hero……？　（を使わないと、という言い方をする。）</u>

　４人がそれぞれに思いついたことを口にしているのは、すべて、芽依がつくろうとしている文を完成するためである。そんななか、琴音が、

119

さっきも言っていた「helping us……」を再度持ちだす。それに奏汰が同調するが、無理に言いたいことを全部言おうとするため、「The dog help us is Floppy……」と変な文になってしまう。しかも、そこにはもっとも芽依が言いたがっていた「our hero」が入っていない。そこで、琴音が「our hero」を入れた文にしようとしたのだ。

　グループの学びはこの辺りで終わりになっているのだが、こうしてみてみると、4人のうちの1人である芽依がつくりたい文をつくりあげるために、4人が一つになって考え合っていることがわかる。第2グループでもそうだったが、日頃から、仲間のわからなさに寄り添う学び合いを実践してきたこの学校の取り組みが子どもたちのこういう姿になったのである。

　さて、この後、当の芽依は最後にどのように書くことができたのだろうか。彼女が作成した文を見てみよう。彼女が書いた文は、次のように、家族のみんながフロッピーに語りかけるようなものになっていた。

Thank you for helping us. Floppy is our hero.

　角谷さんが子どもたちに課したのは、last pageの絵に添える英文を、子どもそれぞれでつくるというものだった。グループで一つの英文をつくるのではなく、それぞれの書きたいことをそれぞれに書く、だから、この記録のように、そのときそのとき、4人のうちのだれかの書きたいことにみんなが寄り添って、その子どもの英文ができるようにしているのである。そのときには、自分の書きたいことはいったん棚に上げていた。

　こういう他者関係は、実社会においてとても大切である。他者と対話するということは、自己主張してばかりでは成立しない。他者の言うこと、他者の考えに寄り添うという聴き方がなんとしても必要である。それをこのように体験する意味は大きい。

第Ⅱ部　学びを深める対話的学び

〔4〕これからの英語教育のあり方につなげる

　最終ページの英文をつくるためのグループでの学びを終えた子どもたちに角谷さんが指示したのは、自分以外のグループを順にめぐり、それぞれが作成したものから学ぶということだった。一人残らず書くことができていたからできる活動だ。それができるということは、まさにグループによる対話的学びの成果だと言える。

　子どもたちは、みんなに見てもらうため自分の用紙を机の上に広げて置き、隣のグループから順に見て回った。書かれている文をのぞきこんで何かをメモしている子どもがいる。書き手に何か尋ねている子どもがいる。自分にはない文を見つけて感心したような表情を浮かべている子どもがいる。これらの行動は、すべて、書き言葉をもとにした対話だと言える。書かれている文を読むということは、それを書いた人との対話をしていることになるし、自分が書いたこととの擦り合わせをしていることにもなるからである。

　一巡した子どもたちは、自分の席に戻る。そして、今、見て学んできたことをもとに、書き足しや訂正をする。こうして子どもたち一人ひとりの絵本最終ページの文が完成したのだった。

　グループで学習した後、子どもに発表させる全体学習の場を設ける教師は多い。そうしている教師のほとんどはその全体学習での発表にかなりの時間を割く。なかにはグループ学習の時間より長くとる人もいる。ところが、グループの後のそういう全体学習は、人数が多いということもあるけれど、すべての子どもが参加する対話的な学び合いにはなりにくい。どちらかというと、グループで考えたことの発表会のようなことになる。こういうやり方を子どもたちはどう感じるだろうか。グループで学習するのは後で行う全体学習で発表させるためのものだったと思う子どももいるにちがいない。そう感じさせることはよいことではない。

121

グループにおける学びはグループ毎にさまざまなものになるから、ど
んなによいものが生まれても、その恩恵を全員が受けることができない。
それではすべての子どもの学びを深めることができない。だから、グルー
プの後に全体学習を入れる必要があるという考えには一理ある。しかし、
実際に行われているもののほとんどは単なる発表会になってしまい、子
どもからグループのときのような輝きは失われている。いちばん危惧さ
れるのは、こういうことが日常化して、肝心のグループにおける学びに
対する子どもの意欲が減退することだ。そうなったのでは元も子もない。

　そういうことからすると、角谷さんの授業で行われている、自分以外
のグループを巡って一人ひとりそれぞれに学んでくるという活動は、発
表させるやり方よりずっとよいのではないだろうか。この活動によって、
子どもたちは他のグループで生まれたものに、それぞれの意思で、それ
ぞれの感覚で出会うことができる。そして一人ひとりが自らの考えと擦
り合わせ学びとっていく。この授業における子どもの表情や動きがよ
かったのはそういうことなのにちがいない。

　ところで、原本の『What a Bad Dog！』の最終ページの英文はどうなっ
ていたかだが、それは極めてシンプルな次の一言だけだった。

What a good dog!

　フロッピーのいたずらに困ったMumが言ったのが「What a bad dog!」
であり、夜中にほえるフロッピーに対して、Dadも「What a bad dog!」
と言っていたのに、最終ページの家族全員がみんな笑顔になっている、
そういう絵本の構成を考えると、最終ページが「What a good dog!」
で締めくくられているのは納得である。

　上記の二つのグループの対話においては、その「What a good dog!」
は出てきていないが、第2グループの咲良、及び第4グループの杏の作
成した文に次のように出てきている。

第Ⅱ部　学びを深める対話的学び

> ・咲良の文
> Family said, "What a good dog !" Family like Floppy very much!
> Floppy is loved by his family. Floppy became their hero.

> ・杏の文
> "What a good dog！" Floppy is good dog. Thank you!
> Floppy is loved by everyone. Family was helped by Floppy.

　2人の作成したものを見て思うのは、キーセンテンスは「What a good dog!」だと思ったもののどうもそれだけでは物足りず、その後にいくつもの文を付け加えたようだということである。

　もちろんこの授業は、「What a good dog!」と書けることを目的としたものではない。自分なりの文を、英文で書ければそれでよく、自分の書きたいことを書き表そうという意欲を引きだし、そのことにより英語を活用する学びが深まることをねらって実施したものである。ただ、結果的に、前掲の二つのグループ以外の五つのグループも含め、生徒数26人に対して「What a good dog!」と書いた子どもは13人、「what」なしの「a good dog」だけの子どもも加えれば18人だったことを付記しておく。

　ところで、角谷さんはこの教材の授業に対して、もう一つ別の目標を持っていた。それは、感嘆表現としての「what」について学ぶということだった。というのは、「what」という単語とその意味についてはすでに学習していたのだが、それは疑問表現としての学びであって、感嘆表現としては中学校の学習内容には加えられていないこともあって未学習なのである。

　しかし、この絵本の場合、「what」を感嘆表現の「なんと〜」という意味で読まなければ味わうことはできない。そういうことから、深く学ぶということではないけれど、角谷さんは、授業の最後において、感嘆

123

表現について軽く触れることにしていた。

　ところが、子どもたちは、１回目のグループの際、いくつかのグループで「なんて悪い犬なんだ」と訳していたし、子どもたちの半数が最終ページの文を「what」を使ったものにしている。それは、この「what」は感嘆表現だとわかっていたことを示している。

　そうなった理由として二つのことが考えられる。一つは、テキストが絵本だったからである。MumやDadが怒った顔で「What a bad dog!」と言っている絵を目にしているから、最後のページのにこやかな家族の顔を見たとき、自然にMumやDadが「なんてよい犬なんだろう」と言っているとわかったのだろう。もう一つの理由は、グループの学びの後、他のグループを見て回り、そのうえで書き足しや訂正をしていることである。そのとき、「What a good dog!」と書かれているのを目にし、「そうかぁっ！」と気づいて、それを取り入れた子どもがいたとも考えられる。

　この結果からわかるのは、「What」の用法といった学習も、教師から教えられるスキル的な学習方法よりも、こういう活用的な学習方法のほうが子どもたちの理解がスムーズだということである。

　冒頭、英語教育が重要な局面を迎えていると述べた。この授業を参観し、このように振り返ってみて思うのは、英語教育の改革は、英語を使うことの面白さ・魅力を感じさせる授業にしようという英語教師の勇気に負うところが大きいということである。そのとき、どれだけ、学ぶ子どもの側から授業のあり方を考えられるかだ。そして、教師から子どもに教えるという技能伝達型スタイルから抜けだし、子どもの学び合いと対話を取り入れたスタイルに転換できるかだ。

　子どもは、スキル一辺倒の英語学習より、活用型でしかも協同的・対話的な英語の学び方を望んでいる。角谷さんのこの授業が終わったとき、そんな子どもの思いがあふれ出た。授業を終えて帰ろうとしている

124

第Ⅱ部　学びを深める対話的学び

　角谷さんのところに、どちらかと言うと英語を苦手にしている2人の子どもがやってきた。そして、こう言ったというのである。

　「本当は最後のページ（の絵の下に）に文が書いてあるんやろ？　（絵本には）何て書いてあったん？　教えて！」

　「先生、こういうの、もっとやりたい！」

　この2人の言葉には、英語教育、そして英語に限らないさまざまな教科の学びのあり方に対する子どもたちの願望が表れている。今、私たち教師は、このような子どもたちのメッセージを真摯に受けとめる必要がある。

5 それぞれの読みを深め合うとき
——小学校4年国語「ごんぎつね」の授業

〔1〕「ごんぎつね」に対する私の読みの変化

　ごん、やっぱり、行くのか？
　いつからだろうか、ごんが兵十に撃たれるところよりも、明くる日も
くりを持っていくシーンに切なさを感じるようになったのは。

　新美南吉の「ごんぎつね」は、私が教師になった50年前、すでに小学
校4年生の教科書に掲載されていた作品である。小学校教諭だった23年
間で4年生を担任したのはわずか3回だったのだから、「ごんぎつね」
の授業をしたのは3回だけだったということになる。それでも、「ごん
ぎつね」を読んだ回数は数えきれない。読んだのは授業をしたときだけ
ではないからである。教諭だった頃も、それ以降も、ふと南吉の世界に
浸りたくなると必ず彼の代表作集を開いたし、「ごんぎつね」の授業を
参観すれば改めて読み返し、授業を見ながら子どもたちとともに味わっ
ていたからである。「ごんぎつね」の世界は、そのたびに私を魅了して
くれた。
　雑誌「赤い鳥」に「ごんぎつね」が掲載されたのは1932年（昭和7年）、
南吉19歳のときである。4歳で母を亡くした傷あとは深く、終生母親へ
のあこがれを追い求めた南吉の「こころ」は、「ごんぎつね」に漂う「ひ
ととつながる難しさ、つながりあえない不条理さ」、そしてそれが「切
なさ」へと結びつき、私の心をとらえて離さなかったのだ。しかし、そ
の切なさのとらえ方が、年齢とともに、読みの積み重なりとともに微妙
に変化してきたのは不思議でもあるが、それこそ文学の奥深さ、魅力な

のだと、いまさらながらに納得する。

　ひとりぼっちの小ぎつね「ごん」の生命の歯車は、兵十に対してやってしまった一つのいたずらを契機に悲劇に向かって回り出す。兵十が捕っていたうなぎをびくから川に投げこむといういたずらをした十日後、ごんは、兵十のおっかあが亡くなったことを知る。自分のいたずらが、おっかあのために兵十がしようとしていたことへの妨げになったと思うごん。ごんは兵十が「おれと同じ、ひとりぼっち」になったと思う。そうして、たまたま通りかかったいわし屋のいわしを兵十のうちの中に投げこんだのをきっかけに、そのために兵十に迷惑をかけたこともあり、くりや松たけを兵十のもとに持っていくようになる。

　ところが、ある晩、兵十が「知らんうちにくりや松たけを置いていく」不思議な出来事を加助に相談しているところに遭遇する。すると加助が「そりゃあ、神様のしわざだぞ」と言いだし、「そうかなあ」とつぶやくものの「毎日、神様にお礼を言うがいいよ」と言われて兵十は「うん」と返事をする。物語は、それに続けて下のようになっている。

　そのときふと顔を上げた兵十がごんに気づいたのだ、うら口からうちの中へ入っていくごんに。
　「こないだ、うなぎをぬすみやがったあのごんぎつねめが」、そう思った兵十は火なわじゅうでごんを撃つ。かけよる兵十。するとそこにくりが置かれている。兵十はごんに目を落とす、「おま

　ごんは、「へえ、こいつはつまらないな。」と思いました。
　「おれがくりや松たけを持っていってやるのに、そのおれにはお礼を言わないで、神様にお礼を言うんじゃあ、おれは引き合わないなあ。」

6

　その明くる日も、ごんは、くりを持って、兵十のうちへ出かけました。兵十は、物置でなわをなっていました。それで、ごんは、うちのうら口から、こっそり中へ入りました。

いだったのか」と言って。うなずくごん。兵十が取り落とした火なわじゅうのつつ口から青いけむりが細く出ていた。それが物語の結末である。

　これまで私は、銃で撃たれるごんと、撃ってしまう兵十、その双方のつながり合えない不条理さと、撃たれなければならなかった哀しさ、思いをかけてくれた相手を撃ってしまった衝撃に心を奪われていた。ごんが健気であるだけに、兵十も素朴で純朴であるだけに、この結末は何度読んでも私には辛すぎた。そして、読むたびに、2人の辛さとつながり合えない不条理さを象徴するかのように立ちのぼるけむりの青さと細さが身に沁みた。
　この私の読みがなくなったわけではない。細く青いけむりがもたらす虚しさ、哀しさは、なくなるどころかますます私の心に沁み入ってくる。ただ、何度も何度も読むうちに、この結末の虚しさ、哀しさは、銃で撃たれるその瞬間だけのことではなく、この物語全体に存在していたものだという、当たり前のようなことを実感するようになったのだ。先ほど、「ひとりぼっちの小ぎつね『ごん』の生命の歯車は、兵十に対してやってしまった一つのいたずらを契機に悲劇に向かって回り出す」と書いたのは、ごんと兵十の結末は、物語の始まりから、一つの必然性のようなものを抱きながら、そんなことはあってはならないことだけれど、抗うことのできない何かに導かれるように進行していったように感じたからである。そして、その必然性を最終的な必然へと向けたのが、「その明くる日も、ごんは、くりを持って、兵十のうちへ出かけました」という行動だった、そう気づいたのだ。
　ごん、やっぱり、行くのか？
　この私の言葉は、そう気づいたとき自然と口から出たものだった、なんとも言いようのない「切なさ」を漂わせて……。そのとき、私の「ごんぎつね」の読みは、兵十がごんを撃つ衝撃的な場面よりも、ひっそりと足音をしのばせて、「その明くる日も」くりを抱えて兵十のうちに向

かった場面にこそ、深い「切なさ」を感じるものに変わったと言える。そして、結末の「青いけむり」に象徴される南吉の世界が、ますます深く胸に迫ってきたのだった。

〔2〕文学作品で授業をするとは

　これは、私の読みである。一人の人間として私が感じたことである。
　文学作品は、言葉のつながりによって創られた芸術世界である。その言葉のつながりをどう受けとめるか、そしてどう読み描き、どう心で感じ取るか、そのことによって、味わい方は微妙に変化する。だから、よく言われるように、文学の読みに正解はない。つまり、多様な読みや味わい方が生まれるのが文学なのだ。だから、前述したことも、私の読みでしかないということになる。
　そのような私的な読みを子どもに押し付けることはしてはならない。教師の解釈を教えるのが文学の授業ではないのである。むしろ、さまざまな読みが生まれる面白さ、多様さのなかから自らの読みを見つけだす喜びを味わわせるべきである。教師は、読むのは子どもだということをしっかり胸に叩きこんでおく必要がある。

　そう述べると、では、学校において、大勢の子どもを対象にして行う文学の授業はどうすればよいのか、そもそも、読み手によって多様な読みが生まれるのであれば、授業などできないのではないか、そう言われてしまいそうである。
　結論から述べる。もちろん授業をする意味はある。それどころか、「学び合う学び」であれば、授業をする意味は大きい。何人もの他者の読みと出会うことで個々の子どもの読み味わいが深まるからである。断っておくが、子どもたちに話し合いをさせ一つの読みを見つけださせるということでは決してない。読みは人によって微妙な異なりがあって

しかるべきである。けれども、自分一人で読んでいると、思いこみで独断的な読みになってしまったり、とんでもない解釈の迷路に迷いこんだりしてしまうことがある。そこまでの状態ではないにしても、思わぬ読み飛ばしをしてしまったり、ちょっとした読み誤りを犯したりすることはだれにでもあることである。他者の読みに出会えば、自分が陥っているそういう状況に気づいたり、自分がしていなかった読みによって目を開かされたりすることがある。場合によっては、いくつもの考えの擦り合わせにより、それまでだれも気づいていなかった新しい読み味わいが衝撃的に浮かび上がったりすることもある。つまり、教室で文学を読み合うということは、他者の読みとの擦り合わせによって、一人ひとりが自らの読みを探り深める営みになると言える。

　その際、授業をする教師が心がけていなければいけないことがある。それは、作品の言葉・文章へのふれ方を濃密にするということである。文学は言葉の連なりによってできているのだから、読み味わいの深さは、どれだけ言葉にふれ、言葉の奥にあるものに出会い、どれだけ想像力をはたらかせ、どれだけ作品の世界で生きられたかということで決まる。だから、教室で文学を読むときに欠いてはならないのは「言葉にふれる」ことである。つまり、教師がしなければいけないのは、解釈を教えるとか、何かをわからせるということではなく、子ども一人ひとりが言葉にふれて味わいを深めるようにすることだと言える。解釈させることばかりに夢中になり、話し合いに過度な時間をかけるのではなく、子どもたちにたっぷり何度も音読をさせて、言葉の奥にあるものにふれるようにすべきである。

　言葉にふれて読むことが当たり前になれば、子どもはそれぞれに作品の世界を歩き始め、それぞれの読みによる味わいを生みだす。そうなったらそれを仲間の読みと擦り合わせる。そのうえで再び音読をして言葉に出会い直す。授業における文学の読みはその繰り返しなのだ。作品と対話し、仲間と対話し、そして自分自身と対話する。そうして子ども一

第Ⅱ部　学びを深める対話的学び

人ひとりがそれぞれの読みを深めていく。

　私の考える文学の授業像はこのようなものである。その際、読みをめぐって子どもたちが行う「対話」は、言葉への濃密な出会いを背景とした互いの読み味わいの擦り合わせだと言える。その対話が、「ごんぎつね」において、さらに言えば、私が「切なさ」を感じるようになった「その明くる日もくりを持っていく」ことについて行われたらどういうことになるのだろうか。

　それを実証してくれる授業に出会った。四日市市立浜田小学校（倉田文美校長）の一見寿紀さんが、同校の公開研究会で行った授業である。その授業で、子どもたちが、「明くる日もくりを持っていったごん」とどのように出会い、どのように味わい合ったのだろうか、実際に目にし、耳にした子どもたちの対話の様子を再現してみることにする。

〔3〕読みを擦り合わせたグループにおける対話

　一見さんの授業は、例によって例の如く、本文の音読から始まる。短い作品なら全文を音読する。文学作品は出来事の連続とつながり・移り変わりによって成り立っているのだから、いつも全体に位置づけて読まなければならない、そう考えているからだろう。ただ、「ごんぎつね」ほどの長さになるとそうもいかない。だから、5の場面の終わりから6の場面にかけてを読むこの日の授業では、物語の前半部分の音読は省略した。それでも、5の場面からではなく、一つ場面を遡った4の場面から読んだのだった。そのうえで、この時間に読む5の場面の音読を1回ではなく2回行った。それが終わったのは、授業開始から10分ほどたったころだった。

　教科書を机の上に置いて視線を向ける子どもたちに一見さんが指示したのは、「引き合わない」というごんの思いについてグループで聴き合

うというものだった。100人を超える参観者に囲まれながら、子どもた
ちは機敏に4人の机を向かい合わせにする。そして、どのグループも落
ち着いた雰囲気で対話を始めたのだった。

　こうして行われたグループの対話は約10分。子どもたちが机をもとの
コの字型に戻すと、グループの対話で浮かび上がった「引き合わない」
と思ったごんのことについて次々と語り始めた。一見さんは、基本的に
は子どもを指名して一人ひとりの考えを丁寧に聴き取るのみ。新たな発
問をすることも、子どもの考えを絞ることもしない。読みに正解はなく、
他者の読みとの擦り合わせによってそれぞれが自らの読みを見つける、
それが教室における文学の授業、それをまさに実践しているのだ。

　しばらくして、子どもたちの聴き合いに区切りをつける。そして改め
て5の場面の音読を入れる。作品の言葉に戻して一人ひとりが読みを確
かめるためである。その直後だった。一人の子どもが、「『引き合わない』
と思ったけど、それでも、またなんとかできるチャンスがあると思って
……」と言いだした。一見さんはその言葉に素早く反応する、「ちょっ
と待って、（そのチャンスって）どこのこと？」と。そして、6の場面の
冒頭に書かれている「その明くる日も、ごんは、くりを持って、兵十の
うちへ出かけました。」という一文を浮き上がらせる。

　一見さんは問う、「その明くる日もくりを持っていったごんのこと、
グループでお話、して」と。「引き合わない」というごんの思いはそこ
で留まってしまうのではなく、明くる日もくりを持っていくという行動
につながっている。「引き合わない」というごんの思いに寄り添ってい
る今こそ、子どもたちの読みをそこに進めるべき、一見さんはそう考え
たのだ。

　子どもたちは、再び机をグループの形にする。素晴らしいのは、どの
グループも机をくっつけるとすぐ対話を始めたことである。仲間に向け
て語られる子どもたちの言葉はやわらかく、それでいてまっすぐだ。そ

第Ⅱ部　学びを深める対話的学び

して、それを聴き合う子どもたちの表情が実に生き生きしている。

　一見さんの問いは「その明くる日もくりを持っていったごんのこと」
だった。けれども、こういうとき子どもたちは、どうしても「なぜ、明
くる日もくりを持っていったのか」と考えてしまう。文学の読みで「な
ぜ、どうして」はよいことではない。文学の読みは、謎解き、問題解決
ではなく、不思議なことは不思議なまま、驚くような出来事はその驚き
に身を投じるように読むべきである。作品に描かれた状況をそのまま味
わうのが文学の読みだからである。しかし、この場面までごんに寄り添
うように読んできた子どもたちが、この後の悲劇的な結末もわかってい
ることを考えると、「引き合わない」と思ったにもかかわらずその翌日
もくりを持っていったごんの行動を「なぜ」と考えるのは仕方のないこ
とだった。

　であれば、たとえ子どもたちがそのように「なぜ？」と考え始めたと
しても、それが単なる謎解きにならないようにしなければならない。そ
れには、明くる日もくりを持って兵十のところに出かけるごんに寄り添
うように読むことである。

　ごんがその明くる日もくりを持って兵十のところに行ったのはこうこ
うこういうふうに考えたからだと決められるものではない。ごんの思い
はそんなに単純なものではないのだ。私は、ごんは、自分で自分がわか
らなくなっていたように感じる。「引き合わないなあ」と思ったその夜、
ごんはまんじりともしない夜を過ごしたにちがいない。その混沌とした
思いは、夜が明けても乱れに乱れていたかもしれない。それでも、ごん
は、ここまで続けていた「くりを兵十のもとに運ぶ」という行為をやめ
ることはできなかった。引き合わなさがあっても、それがどんなに自分
にとって不本意なことであっても、やめることはできなかった。と言っ
て、ごんの心はすっきり収まってはいなかったにちがいない。ごんは、
そんな正常ではない精神状態のまま、この日も兵十のもとに足を運んだ

133

のだろう。それは、ごんが「うちのうら口から中へ入った」というところから感じることができる。もちろん、いつもくりを置いていく物置に兵十がいたからということはあるのだけれど、「うち」は兵十のテリトリーであり、これまで絶対に足を踏み入れなかった所である。そのいつもの警戒心があれば、いくら物置に入ることができなかったとはいえ、うちの中に入ることはしなかっただろう。しかしごんはためらいもなく入ってしまった。それが、平常心を失ったごんの心の乱れを表しているような気がしてならない。そう考えると、「明くる日もくりを持っていったわけ」など、それはこうだと決められるわけがない、ごんとてわかっていないのだから。

　そもそも人の思いは、こういうときはこうで、こういうときはこうだと明確になることはない。むしろ、さまざまなことが頭を駆け巡り何が何だかわからなくなることのほうが多いのではないだろうか。ましてや、このときのごんは、自分の兵十に対する行為を、神様のしたことにされてしまうという、ごんにとっては不本意なことに出会った直後なのだから。

　子どもたちはグループで考え始めた。グループの学びは、子どもたちだけのものだ。それを教師がどうこうできるものではないし、してはならない。さあ、子どもたちが「なぜ、どうして」の罠にはまってしまうのか、それとも、このときのごんに身を置いて、ごんの複雑な思いに寄り添うように考えることができるだろうか、いや、一見さんの学級の子どもなら、きっと後者の読み方をするにちがいない、そんな思いをもとに、私は、ある一つのグループに近づきビデオカメラを向けながらそこで行われる対話に耳を澄ませた。

　この後、紹介するのは、八つあるグループのうちの三つのグループにおける子どもたちの対話である。私が撮影したグループはそのうちの一

つだが、あと二つのグループは他の方にビデオ撮影を依頼しておいたので、授業後それらのグループの対話も聴くことができた。

撮影した映像から流れてくる対話を耳にして私は興奮した。一見学級の子どもたちが、私の期待どおり、ごんの複雑な思いに寄り添うように読んでいることがわかったからである。そして、それは、明くる日もくりを持っていくごんの行為に「切なさ」を感じるようになった私の思いにもつながるものだと思ったとき、なんとも言えない感慨が湧いてきたのだった。

① いくつかの思いの重なりと読んだAグループ

このグループは、達志、蓮人、加奈子、茉鈴の4人。対話は他の3人に蓮人が持ちかけるかたちで始まった。蓮人の誘いに真っ先に応えたのは達志だった。

【蓮　人】　なぜ、次の日もくりを持っていったかということやけど……。
【達　志】　えーと、二つあるんやけど、……ごんは、「くりや松たけを置いてくれたのはごんなのか」と気づいてもらいたいというのと、もう一つは仲なおりがしたい。
【蓮　人】　仲よくなりたい（ということではないかという口調）。
【達　志】　この機会に、人間と仲よくなりたい。

達志は、兵十とではなく「人間と」仲よくなりたいと言った。彼は、今回のいたずらは兵十に対してだけれど、それまで何度となく村の人たちに対するいたずらをしていたことを踏まえてこう言ったのだろう。この考えをつき詰めると、ごんと兵十という関係が、その奥にきつねと人

間という関係を内在させていて、そこに「溝」を感じることになるのだが、達志はそこまでのことを言ったわけではないだろう。この「人間と」という言葉に、蓮人が反応する。

【蓮　人】　人間と仲よくなりたいというけど、仲よくなろうと思っても、まず無理なんじゃないかなあ。

「まず無理」という蓮人の言葉を、達志は頬杖をついて聴き入っている。すぐ何かを言おうという素振りはない。どうやら「無理」ということをじっと考えているようだ。すると、達志ではなく茉鈴が反応した。

【茉　鈴】　うなぎとっちゃったから。
【蓮　人】　うん、それでぬすっとぎつねって、もう思われているから、いたずらぎつねってごんは。だから、仲よくなろうとして、もし（兵十の前に）出ていっても、また追いかけられるだけやと思う。

茉鈴はうなぎの一件を持ちだしたのだから人間というより兵十とのことを言ったのだが、その茉鈴もそして蓮人も、兵十との関係が人間との関係の象徴のように感じていたからこう言ったのだろう。ここから４人は、兵十のことに絞って考えていく。

【加奈子】　ごんは、うなぎをとった代わりにいわしをあげたじゃん。そのいわしでいわし屋にぶんなぐられた。ごんは、そのことは自覚していると思うから、だから、ごんは、うなぎといわしの「ごめんなさい」の気持ちで、その……。
【達　志】　その明くる日も。
【加奈子】　うん。

136

【達　志】	だから、2倍（のつぐない）や。
【茉　鈴】	まず、ごんは、いたずらでうなぎ、とったじゃん。うなぎとって、ぬすっとぎつねって言われたじゃん。だから、見つかったら殺されるかもしれないじゃん。でも、来る日も来る日もくりを持っていったやろ。……ほんとに「すまない」という気持ち。自分が悪かったという気持ち。

　ごんの心にあるのは、「ごめんなさい」というお詫びとそのつぐないなのであり、「引き合わない」と思った後もくりを持っていったのもその続きなのだと加奈子は言ったのだ。その考えに達志も茉鈴も全面的に賛同する。ところが、そう語った加奈子がその舌の根も乾かないうちに、それとは異なることを語り始める。

【加奈子】	今、ちょっと思ったんやけどさ……（しばらく考えて）……多分、ごんは、兵十の生活を心配してたんじゃない？
【茉　鈴】	ひとり暮らしだから。
【加奈子】	ひとり暮らしだから。
【茉　鈴】	お金もないかもしれない。
【加奈子】	だから、くりとか持っていって、そのプラスで「ごめんなさい」もあったんじゃない？
【蓮　人】	半々の気持ちで毎日毎日……。
【達　志】	次の日になってからも……。
【茉　鈴】	引き合わなくても、あげなくちゃいけないなあって……。
【蓮　人】	やっぱり……。

　加奈子はまず「ごめんなさい」というお詫びの行動としてだと述べたが、ごんの気持ちはそれだけではなく、兵十のことを心配する思いが明くる日もくりを持っていく行動になったのではないかと言ったのだ。他

の3人も、この加奈子の考えに同調し、4人とも、ひとりぼっち同士の兵十に寄せる思いがいたずらに対するつぐないと重複してごんのなかに存在していると考えたようにみえた。

　けれども、これで4人の考えが一致したわけではなかったのだった。「やっぱり」という蓮人の言葉でグループの学びはタイムアップになったので授業時間内ではわからなかったのだが、この授業の後に子どもたちが書いた文章から、それぞれの考えが明らかになる。

②　ごんの思いがわからなくなったB、Cグループ

Bグループ

和彦	さつき
希美	義行

【和　彦】　(神様に) やきもちやいて、褒めてもらいたいって (1回目のグループで) 言ったじゃん。だから、中に入ってまででもいいから、褒めてもらいたいから、中まで入って渡しに行った。兵十に気づいてもらって「ああ、ごんが持ってきてくれていたんだな。ありがとな」と褒められたいから。

【さつき】　ちがう意見でごめん。「こっそり」って書いてあるから、見つかりたくなかったんじゃない？

【和　彦】　でも、いきなりだと思いっきりビューと (鉄砲を向ける真似をして) なったら意味がないから、ゆっくり入って、「あっ、ごん、お前、持ってきてくれたんか」となったらと思ったんじゃない。

【義　行】　「ごん、お前だったのか、ありがとな」というのは (もっと仲のよいときにはいいけど)、仲なおりしてないし、仲よくなってないから、まだごんと兵十は仲よくしていない。

138

第Ⅱ部　学びを深める対話的学び

　和彦は、授業の前半「引き合わない」と思ったごんについて語り合ったグループの際、「ごんは神様と言われてやきもちを焼いた。だから、これまでつぐないだったのが目的が変わってきている」と言っていた子どもである。彼が言っていた変化した目的とはどういうものだったのか、彼はまずそれを言いだす、褒めてもらいたい、そして自分にお礼を言ってもらいたいということだと。ごんの気持ちを自分のことのように感じる子どもなら当然こういう読みになる。もちろん、ごんにもきっとそういう願望はあっただろう。

　しかし、ごんの状況は安易にそれができるものではない。さつきと義行がやんわりとそのことを持ちだす。一途にごんの気持ちになる和彦と、ごんが置かれている状況を考える２人との違いなのだが、対話にはこういう食い違いがあったほうがよい。よく考えてみると、この食い違いこそ、ごんの「切なさ」の根っこなのではないだろうか。他者とのつながりへの憧れがありながら、その他者との溝の深さにあえいでいる、それがごんの現実なのだから。その二つの思いが、こういう形で出てきたことにより、子どもたちはさらにごんの状況に迫っていくことになる。

【希　美】　いつもと同じように、兵十のところへ持っていったんじゃない？

【さつき】　褒めてもらいたいという気持ち、あるのかなあ。それに、なんというか、……つぐないが終わっていないからじゃないかなあ。

【義　行】　いつもと同じように、兵十のいえに、こっそり入ったんじゃないかなあ。

【さつき】　見つかりたくなかったんじゃないかなあ。

【義　行】　つぐないが終わっていないから持っていったんだと思う。でも、褒められたい気持ちもあるのかなあ……？

【さつき】　……うーん。どうだろうなあ？　なんでこっそり入ったんか

139

なあ。

　「褒められたい」という和彦の考えに、「こっそり」という言葉を持ち出して疑問を提起したさつきだったが、「褒められたい」という思いは完全に否定できるものではなく、「褒めてもらいたいという気持ち、あるのかなあ？」と言う。異質な考えに出会ってゆれる、それこそ対話のあるべき姿だ。さつきは考えこむ。そのゆれが義行に伝播する。そして、グループの終わりがけに、さつきは、自分が言いだした「こっそり」の謎にはまりこんでいく、「うーん。どうだろうなあ？」と。

　┃ Cグループ ┃
　このグループでも、「褒められたい」という言い方ではないけれど、Bグループの和彦のように、ごんがくりをあげていると気づいてもらいたいから明くる日も行ったのだという読みがまず出てきた。

有里	光史
健介	真里亜

【健　介】　この５の場面で……、神様って、前の日に、きのう言われて、でも明くる日も……中へ入ってったってことは、自分があげてるってことを……。多分、この（教科書のページをめくり返して）４場面で、こんなに自分のことを（兵十が）言ってくれてるって思って、それが、自分のことを忘れてるのかなと思って、それで、くりを持って、自分があげてるっていうことを言いたかったのかなと思う。

【有　里】　（健介の言葉を聴きながらにこにこし始める。そして口を開く）加助が「そうだとも、だから、神様にお礼を言うがいいよ」と言って、ごんは信じちゃって、ごんは、「へえ、こいつはつまらないな」と思って、で——、それは「神様のしわざだぞ」と言ったから、ごんは、次の日に、自分がくりや松たけ

第Ⅱ部　学びを深める対話的学び

を持っていってたことを教えたかった。

【真里亜】　ごんは、５場面で、「引き合わないなあ」って言ってたけど、次の日には、くりを持って兵十のとこへ行ったでしょ。それで「引き合わないなあ」って思ってたけど、でも、本当は、兵十に〜〜えっと〜〜まだ〜〜えっと〜〜うなぎをとったことを反省しているからかなと思う。

　「ごんぎつね」を読む子どもたちは、必ずと言ってよいほどごんに寄り添って読む。子どもにしてみればそれはしごく当然のことである。だから、ごんが持っていっていることを兵十にわかってもらえたらどんなによいだろうと思う。もし、この後の結末を知らなかったら、「兵十、くりを持って来てたのはごんなんだよ。わかってやって！」と言いたくなるだろう。

　そんな思いになっていた子どもたちなら、その明くる日にもくりを持っていったのは、自分なのだとわかってもらうためだと読んで不思議はない。その一方、つぐないをやめることはできなかったという考えを真里亜が語っている。そう読む子どもは多く、ＡグループでもＢグループでも出てきている。

　こうしてごんの思いに没入している子どもに対して、Ｂグループのさつきのようにごんが常に兵十に見つからないように行動している現実とつき合わせて読もうとしている子どもがいる。そういう子どもはごんの気持ちを簡単にこうだとは決められなくなる。このグループでは光史だった。

【光　史】　（教科書「５の場面の「おれがくりや松たけを持っていってやるのに、そのおれにはお礼を言わないで、神様にお礼を言うんじゃあ、おれは引き合わないなあ」のところを指で指し示して、声を落として話し始める）がっかりしてるやろ。

141

【真里亜】　えっ。（光史が指差しているところをのぞきこんだ後、６の場面の「その明くる日も〜」を指し示して）ここだよ。

【光　史】　うん（真里亜は、今、考えているのは６の場面であって、光史が指し示した５の場面ではないよという意味で「ここだよ」と言ったのだけれど、それはわかっているというふうにうなずいた）。この……「うら口から、こっそり中へ入りました」。それは、今までも言ったんだけど、兵十が神様だと思ったのでがっかりしながらも（光史が５の場面を指し示したのはごんがこう思ったのは５の場面なのでそこを見てほしかったのだ）、こうやって見つからないようにしている。

【真里亜】　なんで？　なんで？

【光　史】　こわいから。

【真里亜】　なんでこわいの？

【光　史】　もともといたずらした人だから、……兵十にいたずらしたから……。

【真里亜】　じゃ、どうして？　「引き合わない」と言ってたのに、なんで、くりを持ってったの？

【光　史】　それは……　それは……　ええっと……　うーん。

　光史が言いだしたのは、がっかりしたけれど見つからないようにしているということだった。それは、健介や有里の言う「くりや松たけを持っていっていたのはごんだと言いたかった」という考えに違和感を覚えたからにちがいない。しかし、光史はそれを反論する口調では言わない。あくまでも本文の言葉に引き戻して言おうとしている。

　真里亜は「見つからないようにしている」というごんの状況を深くとらえていなかったようである。だから「なんで？」と光史に迫る。光史は、いたずらをしてきた自分の姿をさらすことがどんなに危険なことかごんはわかっていると読んでいる。だから見つかるのが「こわい」と言

第Ⅱ部　学びを深める対話的学び

う。興味深いのは、ごんに寄り添うと言っても、兵十のさみしさを取り
こむように思いを寄せる寄り添いもあれば、兵十との間の溝を抱えて生
きているごんへの寄り添いもあるということだ。ひょっとすると、真里
亜は前者だけの寄り添いであり、光史は二つともわかったうえでの寄り
添いなのかもしれない。そして、光史のような寄り添い方をすればする
ほど、ごんの思いの複雑さに入りこむことになる。真里亜に「なんで、
くりを持ってったの？」と問われて「それは……　それは……　ええっ
と……　うーん」と言葉に詰まったのは、まさに複雑さに入りこんでい
たからだ。

　光史は言葉数の少ない子どもだそうだ。だから、普段はあまり自分か
ら話そうとはしない。そんな光史が自ら口を開き、真里亜と対峙するこ
とになった。それは、本気でごんのことを考えていたからである。「ご
んのこと」という学びの対象と対話し、自分自身との対話をしていたか
ら、「なんで？」「どうして？」と畳みかけられても必死になって答えよ
うとした。光史をそれほどまでにしたのは、ここで行っていたのが対話
だったからである。聴き合い学び合う対話だったから、普段多くを語ろ
うとしない光史だけれど言わずにいられなくなったのだ。

〔4〕対話によって生まれたもの

　この対話は、子どもたちにどのような学びをもたらしたのだろうか。
対話をしたことによってどんな考えが生まれたのだろうか。

　この授業が行われた翌々日（翌日は日曜日だったため、実質的には次の
国語の時間ということになる）、子どもたちは、「その明くる日もくりを
持って兵十のうちへ出かけたごんのこと」というテーマで文章を綴って
いる。それを読めば、対話の後に生まれたものを知ることができる。

　まず、だれよりも読んでみたいのは「うーん」とうなってグループの

143

対話を終えた、Ｃグループの光史とＢグループのさつきの文章である。

光史は次のように書いている。

> 「引き合わない」のに見つかってほしくないのは、兵十にはごんがくりや松たけを持っていっているのが分からないから、くりや松たけをもっていっているのを見られたらいたずらをしに来たと思われるからです。

彼は、「こっそり見つからないようにうちの中へ入った」と言って、真里亜から「じゃあ、どうしてくりを持っていったの？」と切り返されていた。この文章はその切り返しに誠実に答えようとして書いたものだということがわかる。光史には、ごんと兵十との関係の危うさがわかっている。どんなに兵十に思いを寄せようとも、その危うさから逃げることができず、だからこそ、わかってほしい思いを抱きながらも見つからないようにするという矛盾した行動をとらねばならないと言っているのだ。光史は、グループの対話をしたことによって、もっと深くごんの複雑な思いが感じられてきたのかもしれない。

ここで大切なことは、光史が「どうして持っていったの？」という真里亜の問いに答えていないということである。彼にとって重要なのは、見つからないように持っていくことだったのだ。それは彼が深くごんに寄り添っていることを表している。どうして持っていくのかという見方は、どちらかと言うとごんのことを外から客観的にながめるものだ。そうではなく、ごんになってみれば、自分の行動を、どうして？などと考えてはいない。いつものように決して兵十に見つからないように……、光史の頭のなかのスクリーンに映るごんの姿はそういうものだったのだろう。

一方、さつきはどうだろうか。彼女は、Ｂグループの対話において、「こっそり」というごんの入り方を持ちだし、そういう入り方をしたということは、ただ褒めてもらいたいからとは言いきれず、つぐないが終

第Ⅱ部　学びを深める対話的学び

わっていないからだとも考えていて、そして、その後「うーん、どうだろうなあ？」と考えこんでしまったのだった。彼女は、こう書いている。

> まだつぐないが終わっていないから持っていったんじゃないかと思いました。本当は自分が、おれがしたと言いたいけど、ぬすっとと思われているからこっそり入ったんだと思いました。そんなごんを私はほこらしく思いました。うなぎのつぐないと言ってたくさんの物を兵十にあげるごんは、やさしいと思いました。

　あの後、さつきは考えたのだろう。そして、「こっそり」入るごんの姿を思い浮かべた。そうしたら、「褒められたい」という自らの望みよりも、やっぱり「つぐない切ろう」という思いを抱くごんのほうがぴったりしたにちがいない。そう思ったとき、さつきは、ごんのやさしさが強く感じられてきて、ごんのことが「ほこらしく」思えてきたのだ。

　文学の読みに正解はない。どんなにこっそり入ったとしても、「兵十に自分のことを認めてもらいたい、くりや松たけを持ってきていたのはごんなんだとわかってもらえたらどんなにいいだろう」と思い続けていたと読む和彦のような子どもがいていいのだ。そんな和彦と対話をし、自らの考えにゆれを起こし「うーん」と考えこんだからこそ、さつきは、ごんのことが「ほこらしい」とまで感じられたのだから。さまざまな考えに出会うことのできる対話は、文学の読みになくてはならないものである。

　ところで、「ごめんなさい」というお詫びと、兵十のことを心配する思い、この二つの思いを重ねながら兵十のところへ行ったと読んでいたAグループはどうなったのだろうか。まず、茉鈴以外の3人がどう書いているか見てみよう。

> 加奈子　引き合わなくても、だれかにお礼を言っても、ごんはやさしいきつねだから、もう一つは引き合わなくても兵十のことが心配だから。

145

蓮 人	自分はごんだと気づいてもらえるように。
達 志	うなぎのつぐないを果たそうとして努力をしていて、くりを一回しか持っていっていなかったら、引き合わないとは絶対に言えなかった。

　見事に、三人三様である。それは子どもたちが行った対話がよかったことを表している。一つの考えに集約するために、もっと言えば、ありもしない「読みの正解」を決めるために行うのが対話ではないからである。一人ひとり、それぞれが、他者の考えにふれて、迷い、ときには途方にくれ、もしそうなったらテキストの文章に戻るしかなく、物語を読み直す。そうして自分のなかに湧きあがってきたもの、それがこのように三人三様となった、それでよいのだ。文学の読みは多様なのだから。

　ただ、蓮人と達志がグループで対話をしていたときとは考えが変化しているのが興味深い。蓮人は「人間と仲よくなるのは無理」と言った子どもである。その蓮人が「気づいてもらえるように」と書いて、「仲よくなりたい」という考えに近づいている。そして達志は、「仲よくなるのは無理」と蓮人に言われて頬杖をついて考えこんでいたのだが、ここでは「仲よくなりたいから」という思いは消え、さらなるつぐないをしようとしたという読みになっている。子どもの思考はあのときの対話で終了したのではないのだ。仲間との対話はそこで終わっても、学びの対象、そして自分自身との対話はどこまでも続くということなのだろう。

　さて、このグループにはもう一人の子どもがいた。茉鈴である。その茉鈴が書いた文章を読んで、私は仰天した。

　わたしは、ごんは自分でも意思がわからないと思います。４場面の「だれだかしらんが」の所は、ごんは気づいてほしいし、１場面で「ぬすっとぎつねめ」と言われて、兵十はそのことをずっと思っているから、気づかれないようにしなきゃいけないから、人間でも、そんなことがあったら、こんがらがっちゃう

第Ⅱ部　学びを深める対話的学び

> から、きつねも同じでこんがらがったんだと思います。

　彼女は、グループのとき、「来る日も来る日もくりを持っていったのは、ほんとに『すまない』という気持ちがあったからだ」と語っていた子どもである。その茉鈴が、ごんの頭のなかは「こんがらがっていた」と書いたのだ。グループの対話において、そのようなことは一切口にしていなかった。グループで最後に発した言葉が「引き合わなくても、あげなくちゃいけないなあって……」だったことを考えると、あのときは、ひとりぼっちになった兵十のために持っていったという考えに傾いていたと言ってよいだろう。それが、「自分でも意思がわからない」となったのはどうしてだろう。

　それを解く鍵はやはりグループの対話にあった。蓮人の言葉である。蓮人は「仲よくなろうと思っても無理」「ぬすっとぎつねと思われているから、追いかけられるだけ」と言っていた。その蓮人の言葉に彼女は全く反応していなかった。しかし、ビデオ映像を見ると、何か考えるような目で蓮人の顔を見つめる茉鈴の顔が認められる。茉鈴は「『ぬすっとぎつねめ』と言われて、兵十はそのことをずっと思っているから、気づかれないようにしなきゃいけないから」と書いている。つまり彼女は、グループのとき言っていたように、兵十にあやまる気持ちや兵十を案じる気持ちを抱いていたのは間違いないとは思いつつ、蓮人の言っているように、兵十に気づかれてはいけない状況も背負っているのがごんなのだとあの後気づいたのだろう。そのとき、茉鈴は、そういう状況にあるごんになったのだと思う。ごんを外からながめるのではなく、ごんの心の内に寄り添ったのだ。そうしたら、どうすればよいのかこんがらがっているごんの混乱が感じられてきたのにちがいない。対話は授業の後も続いていたのだ。

　私は、このときごんは平常心を失っていた、だから頭のなかを混乱させたまま何かに導かれるように兵十のもとに足を運んだ、そう読んでい

147

た。茉鈴の読みは、その私の読みとほとんど同じように感じられた。だから、彼女の文章を目にしたとき仰天したのだ。ひょっとすると、彼女も、「そんな気持ちのまま、やっぱり、行くのか？」と私と同じようなことをつぶやいたかもしれない。長い年月に、幾度となく読んだ末に浮かび上がった私の読みと同じことを、４年生の子どもが読んできた。それは、驚きであり、衝撃であった。

　冒頭、私は、その明くる日もくりを持って兵十のうちへ出かけていくごんの姿に「切なさ」を感じるようになったと書いた。

　33枚の子どもの文章は、それぞれにごんの心根にふれたものだった。そんななか、一人の子どもの文章を読み進めたとき、私のなかにすうっと沁み入ってくるものを感じた。撮影した三つのグループの子どもではない。その文章を読んで、この子どものグループで、どんな対話がされていたのだろうと心が動いた。

> 　兵十のおっかあが死んでしまって、ごんといっしょのひとりぼっちだから、一人でも兵十が食べられるようにごんはもっていってあげているのかなと思いました。
> 　ごんは、「くりや松たけを持ってきたよ」と、ごんはきつねだから言えないからかわいそうだなと思いました。
> 　ごんがもし人間だったら、兵十とも友だちにもなれているのになとも思いました。ごんはきつねだからできないことが多いのかなと思いました。
> 　ごんは、かわいそうだな。

　私は「切なさ」と述べたが、この子どもはそういう言葉は使っていない。彼は「かわいそう」と書いている。けれども、彼の書いたものを何度も読むと、その「かわいそう」に、この子どものごんへの愛情を感じる。「きつねだから言えなかったのだ」、「もし人間だったら、友だちになれているのにな」という文には、つながり合えないごんの「切なさ」がにじんでいる。この子は「かわいそう」としか書き表すことができな

第Ⅱ部　学びを深める対話的学び

かったのだけれど、たった一言の「かわいそう」に、ごんの「切なさ」、そしてそのごんに寄り添うこの子どもの「切なさ」がこもっていると感じられる。

　私が感じた「切なさ」を、子どもたちも感じている。そう思うと、つながることへの憧れを抱きつつつながり合えない不条理さを描いたこの作品によって、私が、毎日接しているわけでもない一見学級の子どもたちとつながったような気持ちになったのは、不思議でもあり、うれしくもあった。「ごんぎつね」は、私にとって、ますますなくてはならない作品になった。

　これが、対話によって子どものなかに生まれたもの、そしてその対話にふれることによって私のなかに生まれたものである。
　文学の読みにおける対話は、各人の読みの陳列の場ではない。作品にふれて読み描いた人物や情景の姿、そしてそれらの人物や情景に対する思いや心のふるえを言葉に乗せて互いに伝え合い、聴き合い、考え合う

営みである。他者の考えにふれれば、必ずテキストとの対話が生まれ、自分自身との対話が生まれる。だから、対話によって、自分一人では思いも及ばなかったことまで見つけだすことにもなるのである。もちろん、この授業の場合がそうだけれど、対話をすればするほど混沌としてくることもある。その混沌とするのもまさに文学なのである。本質的なものほど、実体は複雑でとらえ難いものだから、そこまで感じられるのは素晴らしいことだと改めて思う。

　尊重し合える他者とともに、文学への熱い気持ちを抱いて、けれども、謙虚に、誠実に聴き合う、そういう対話は文学の授業になくてはならないものである。対話をすることによって、他者とともに文学の世界を生きる喜びを味わうことができるからである。あくまでも読みは自分個人のものである。けれども、異なりを超えて他者と感動を分かち合える対話は、文学を読むたのしみを味わわせてくれるだけでなく、人生そのものを豊かにしてくれるものなのではないだろうか。

　文学の授業はそういうものでありたい。

第III部

「対話」が言葉をひらき、
「人」をひらく

第Ⅰ〜Ⅱ部において、「主体的・対話的で深い学び」における対話は、学びの深まりのために必要不可欠なものであるということを実証的に述べてきた。学校は学び舎であり、「主体的・対話的で深い学び」は子どもの学びにおける基本理念であるから、教師として学びの深まりをもっとも大切にするのは当然のことである。

　しかし、対話は、授業における学びにおいてだけ重要なのではない。もっと広く、人として生きるうえで大切なものである。その当たり前のことを、深い学びをもたらす「対話的学び」とはいかなるものかという視点を抱いて、つながり合う子どもたちの言葉に耳を傾けるうち、強く実感することとなった。

　子どもにとっては、授業も彼らの日々の生活の一場面であり、そこで、まさに彼らは生きているのである。というより、睡眠時間を除けば、毎日の生活時間の3分の1強が授業なのである。そう考えれば、授業という場は、彼らの成長にとって非常に重要なものになる。それは教師の指導を受けてお勉強をする場というような狭いとらえ方をするようなものではない。彼らは、授業という場において、知識や技能を獲得するだけではなく、人間的なもの、社会的なものなど、生きていくうえで大切なものを学び身につけているのである。つまり、授業は人格形成に大きくかかわる場だと言うことができる。

　そのため、子どもの人間的な成長にかかわる重大な出来事が、対話的学びにおいて生まれることがある。それはまるでドラマのような出来事なのだが、考えてみれば、子ども一人ひとりと深く誠実なかかわりをしていれば、そうした出来事が起こるのは必然だと言える。その瞬間、瞬間に、子どもは皆、生きているのだから。

第Ⅲ部 「対話」が言葉をひらき、「人」をひらく

1
子どもの声が引きだされたとき
——小学校4年国語「でんでんむし」の授業から

〔1〕 Ａさんの学級と授業に取り上げたテキスト

　Ａさんの学級に授業中ほとんど言葉を発しない子どもがいた。仮にその子の名前を「しおり」だとしよう。Ａさんは、学級担任になって以降、しおりが安心して語ることができる教室にしようと努めてきた。学校で話さなくても家庭においては家族との会話が行われているとわかっていたからである。しかし彼女の口から言葉が出ない授業が続き、その状態が1か月を超えた。

　Ａさんは、担任した学級のどの子どものことにも心を砕く教師である。どの子どもも自分を発揮して過ごし、学びを深めることができるような学級づくりを毎年心がけてきた教師である。だからこそ、しおりのことがいつも心にあった。

　私がＡさんの学級を訪れたのは5月の連休が明けた頃だった。私が紹介した童話を教材にして授業をして見せてくれることになったからである。

　私が教室に入ると、初対面にもかかわらず何人もの子どもが話しかけてきた。Ａさんが事前に私のことを話してくれていたとはいえ、その警戒心のない人懐こさはなんともうれしいことだった。子ども同士のやりとりも自然であり、とにかく表情が生き生きしている。授業が始まるとすぐ、テキストになっている童話をめいめいで音読することになったのだが、子どもたちは日本語が堪能でない外国とつながる一人の子どものことを放っておかなかった。Ａさんの指示などないのに、さっとその子の周りに何人か集まって、なんともうれしそうに彼の音読を支えるの

153

だった。

　そういう雰囲気に包まれた学級で、しおりはいちばん前の席に座っていた、からだを固くして、やや緊張気味に。

　Ａさんが子どもたちと読もうとしていたのは新美南吉の童話「でんでんむし」だった。この作品は、1933年、南吉20歳のときに発表されたものである。かなり知られている「でんでんむしのかなしみ」の２年前に書かれたものだが、これまであまり知られていなかったものではないだろうか。

　読んでいただくとわかるように、この童話は母子でんでんむしの対話でできている。生まれたての子どもでんでんむしにとって見るものすべてが不思議でならない。そして、それが何であるか知りたくてたまらない。その興味津々の思いをお母さんでんでんむしに投げかける。お母さんでんでんむしは、わが子の疑問一つひとつに丁寧に答える。どんなことにも興味を抱くわが子がかわいくて仕方がなかったのだろう。ここに、母親と子どもの心のふれ合いがある。かけがえのない２人のつながりがある。そして、そのつながりとふれ合いのすべてが対話として表されているのだ。私がＡさんをはじめ、私の属する東海国語教育を学ぶ会に集う教師たちにこの童話を紹介したのは、この心温まる対話を子どもたちに味わわせる授業をしてもらいたいと思ったからである。

　Ａさんの授業がどういうものになったかということもあるのだが、ここでは、それよりも、しおりに起こった出来事について述べたい。それは、心温まる対話が描かれた作品によって、対話ができないでいたしおりの声が引きだされたという出来事である。

でんでんむし

にいみ　なんきち

大きな　でんでん虫の　せなかに　うまれたばかりの
小さな　でんでん虫が　のっていました。小さな　小さな
すきとおるような　でんでん虫でした。

「ぼうや　ぼうや。もう、あさだから、めを　だしなさい。」
と、大きな　でんでん虫が　よびました。

「ほんとう？」

「ほんとうよ。」

「あめは　ふって　いないの？」

「あめは　ふって　いないよ。」

「かぜは　ふいて　いないの？」

「かぜは　ふいて　いないよ。」

「ふいて　いないよ。」

「そんなら　だしました。」と、ほそい　めを、あたまの　うえに
そーっと　だしました。

「ぼうやの　あたまの　ところに　大きな　ものが　あ
るでしょう？」と、おかあさんが　ききました。

「うん、この　めに　しみる　もの　これ　なあに。」

「みどりの　はっぱよ。」

「はっぱ？　いきてんの。」

「そう、でも　どうも　しや　しないから　だいじょうぶ。」

「あ、かあちゃん、はっぱの　さきに　たまが　ひかっ
てる。」

「それは　あさつゆって　もの。きれいでしょう。」

「きれいだなあ、きれいだなあ、まんまるだなあ。」

すると、あさつゆは、はの　さきから　ぴょいと　はな
れて、ぷつんと　じべたへ　おちてしまいました。

「かあちゃん、あさつゆが　にげてっちゃった。」

「おこったのよ。」

「また　はっぱの　ところへ　かえって　くるの。」

「もう、きません。あさつゆは　おっこちると　こわれ
てしまうのよ。」

「ふーん、つまんないね、あ、しろい　はっぱが　とん
でゆく。」

「あれは　はっぱじゃ　ないこと、ちょうちょうよ。」

「ちょうちょうは、きのはの　あいだを　くぐって　そら
たかく　とんで　いきました。ちょうちょうが　みえなく
なると、こどもの　でんでん虫は、

「あれ、なあに。はっぱと　はっぱの　あいだに、とお
く　みえるもの。」

「そらよ。」と　かあさんの　でんでん虫は　こたえまし
た。

「だれか、そらの　なかに　いるの？」

「さあ、それは　かあさんも　しりません。」

「そらの　むこうに　なにが　あるの？」

「さあ、それも　しりません。」

「ふーん。」小さい　でんでん虫は、おかあさまでも　わ
からない　ふしぎな　とおい　そらを、ほそい　めを
いっぱい　のばして　いつまでも　みて　いました。

（『新美南吉童話選集・でんでんむしのかなしみ』大日本図書所収）

〔2〕「ペア読み」で作品の対話を再現する

　読みを学ぶ授業は、当然のように、一人ひとりがテキストとなっている文章を音読することから始める。Aさんの授業でも同様だった。子どもたちは、めいめいで、二度三度と繰り返し読む。その後、ペア読みをする。2人ずつペアになって、一方の子どもが音読し、もう一方の子どもがそれを聴く。読み終われば交代する、それがペア読みである。すると、Aさんは、「でんでんむし」とはどういうものかを確認したあと、2匹のでんでんむしが母子であることをおさえる。そのうえで、ペアの2人が母と子に分かれて音読するようにしたのである。それは、作品の軸になっている対話を子どもたちに体験させるということであった。

　最初のめいめいでの音読のとき、しおりの口はあまり開かれていなかった。おそらく声が出るというよりくちびるを動かす程度のものだったと思われる。ところが、ペア読みになればそういうわけにはいかない。声を出さないといけない。そうでないと、ペアの相手が困るからである。
　しおりのペアの相手。それは、おっとりした感じの人のよさそうな男の子である。しおりはその子と母子でんでんむしになって読み始めた。よく見ると、しおりの口は動いている。相手の音読を聴くだけでなく、自分も読んで相手に聴いてもらう、「ペア読み」はそういう読みだが、それが他のペアと同じように行えているようである。
　とは言っても、周りのペアもみんな音読をしている状態なので、何人もの声が幾重にも重なっている。だから、しおりには、授業で言葉を発しているという感じはないにちがいない。みんなの声にまぎれて、ただ、ペアの相手の男の子に対してだけ自分の声を届けているということなのだろう。
　童話では、子どものでんでんむしがお母さんのでんでんむしの背中に

第Ⅲ部　「対話」が言葉をひらき、「人」をひらく

乗って対話しているというように描かれている。そこでＡさんは、子どもでんでんむしになる子どもはお母さんでんでんむしになる子どもの背中にくっつくようにして音読するよう指示した。そういう体勢をとることによって、２人が同じ目線で、目の前の葉っぱを、露を、蝶を、そして空を見ながら互いに語りかけるという状況に身を置くことができると考えたからである。

　しおりのペアを見ると、しおりは、女の子だということからだろうかお母さんでんでんむしになっている。そして、そのしおりの背中に、大柄のペアの子どもがくっついて話しかけている、おだやかな表情で。話しかけられたしおりがそれに応えている、ややこわばった感じは残っているが、最初より自然さが出てきているように見える。果たして、しおりの声はどれくらい出てきているのだろうか。蚊の鳴くような声なのかもしれない。それとも、背中の男の子にはっきりと聴こえる声なのだろうか。

〔３〕しおりの音読！

　やがてＡさんは、いくつかのペアに、みんなの前でやってもらおうと告げる。そして、なんと、しおりのペアを指名したのである。

　もちろんＡさんはしおりがそれまで何も話そうとしなかった子どもだということはわかっている。にもかかわらず、みんなの前で読むペアにしおりのペアを指名したのだ。ペア読みの際、彼女の声を耳にし、うれしくてならなかったのだろう。だから、Ａさんはしおりに読ませることにしたにちがいない。後日、もしかするとみんなの前では声が出せなくなるかもしれないという迷いもあったのではない？と尋ねてみた。ところが、Ａさんは、そんなには心配はせず、すっとしおりを指名したということだった。きっと、学級のみんなに彼女の声を聴かせたい、もちろん自分も聴きたい、そういう思いが強く、瞬間的にチャンスだという思

157

いがひらめいたのだろう。

　指名を受けた瞬間、しおりの顔にやや困惑の表情が浮かんだように見えた。しかし、ペアの相手の男の子はしおりの背中に手をかけて、さあ読まんかなという雰囲気になった。背中にくっついている男の子が、しおりの前にテキストの用紙を広げ、小声でどこから読み始めるかを確かめるようにささやいた。しおりはその彼の言葉を黙って聴いている。そして、とうとう意を決して読み始めた。

　小さな声だ。やはり緊張感が漂っている。けれども、教室中が静まっていることもあり、だれの耳にもしおりの声が聴こえている。教室中がしおりの声に耳をそばだてている。

　途中、会話文の連続のあいだに地の文が挟まれていてそこで少し戸惑うこともあったが、相手の男の子がそっと手を伸ばしてしおりが読む箇所を教えた。そのしぐさにはなんとも言えない温かさが感じられた。

　こうして２人は無事終わりまで読み切った。その瞬間、読み終えた２人を子どもたちの拍手が包みこんだ。心温まるシーンである。けれども、Ａさんは、ここで特別なことはしないし言わない。他のどのペアもが読み終えたのと同じようにふんわりと受けとめ、次のペアを指名する。しおりの今後を考えれば、こうして音読したり話したりすることが普通のことになったほうがよいと判断したからだろう。

〔４〕しおりの声を引きだしたものは？

　それにしても、しおりの声はどうして出たのだろうか？

　まず、テキストが登場人物の心を通わせる対話でできていたということがよかったのではないだろうか。テキストを読むということで対話をすることになったからである。しおりは、お母さんでんでんむしになって、実際の対話ではないけれど、模擬的な対話をすることになった。自分の内から語りたい内容と言葉を引きだして話すのではなく、あらかじ

第Ⅲ部 「対話」が言葉をひらき、「人」をひらく

め成り立っているものを読むという対話だから、しおりにはちょうどよかったのだ。

　しかしそれ以上によかったのは、ペアで一方がお母さんになってもう一方が子どもになって読むため、しおりが母親役をやらなければならないという状況だったことが考えられる。つまり、2人で一つの行為をするため、躊躇してはいられなかったのだ。相手と対話するという一つの行為は、一方がしゃべり続け、もう一方がただ聞いていたのでは成立しない。対話は2人、または何人かで行う共同の行為なのだから。

　その点で言うと、しおりの相手になった子どもはまさにしおりにとって適役であった。しおりの状態を見極めながら、しおりを包みこむように、おっとりと言葉を出していたからである。この日の座席は「でんでんむし」を読むためだけに設定されたものでないだろうから、その子どもが隣の席になったのは偶然だったと思われるが、その偶然がしおりにとってよかったと言える。

しおりの声は、こうして、母子の対話で描かれたテキストによって、そのテキストで模擬的な対話をすることによって引きだされた。おそらくそれは、彼女にとって、同年代の子どもと授業のなかで交わした初めての対話だっただろう。授業のなかで声を出せたというこの出来事は、しおりにとって一つの転機になるかもしれない。一つの殻を破ったことになる可能性があるからである。

　他者と対話するということは、自分の内にあるものを他者に「ひらく」ということになる。それは、自分という人間を「ひらく」ことになるからである。もちろん、たった一回の、しかも文章になっているものを読んだだけで、この子どもの内にあるものがひらかれるということにはならないだろう。けれども、この子どもにとって、声が出たということ、そして、その声が相手の子どもと呼応したということが重要なのだ。たとえ模擬的なものであったとしても、他者と言葉を交わし、自分と他者がつながるという状況を味わえたそのことが重要なのだ。その味わいが、彼女の内にあるものを動かし始めるときがきっと来る。他者と対話をするという魅力が彼女のなかで増幅し始めたとき。

　「でんでんむし」の授業における小さな出来事は、私たちにとって対話とはどういうものなのかをそっと示してくれた、そう思った私は、しおりに幸あれと願わずにはいられなかった。

2 対話のある学級が子どもの心に宿したものは
―― 小学校3年算数「三角形と角」の授業から

〔1〕子どもがグループで取り組む授業

それは、「1辺が12cmの正三角形があります。これを13この正三角形に分けましょう」という課題で行われた小学校3年生の算数の授業において生まれた。

この学級に「かずし」という子どもがいた。彼は、3年生になるまで、授業において語ることがほとんどない子どもだった。教師の発問に答えることはおろか、近くの子どもに尋ねたり尋ねられたりといった言葉のやりとりもあまりしない子どもだった。と言っても、授業中の態度に問題があるわけではなかった。どちらかと言うと、じっと固まったようにしている子どもだった。そのような状態のかずしに対して、その学級の担任のBさんは、そして校長も、彼がもっと自分を出せるように、授業のなかで活躍できるようにしたいと思っていた。それは、どの子どものことにも心を砕くこの学校の教師なら当然の願いだった。

Bさんは、学校をあげて「学び合う学び」の授業づくりに取り組んでいた前任校で初任から3年を過ごして、この年この学校に転勤してきたのだった。この学校も、前任校同様「学び合う学び」に取り組む学校だったことは彼女にとって幸運だった。

授業は、最初、「1辺が6cmの正三角形があります。これを4つの正三角形に分けましょう」という問題を解くことから始まった。子どもた

ちは、一人ひとり考え始め、そのうちすぐグループになって取り組み、10分もかからず、全員が右のように描くことができた。

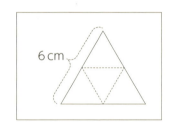

そうしておいて出されたのが冒頭の課題だった。

子どもたちは、最初の課題よりも意欲的に取り組み始めた。ところが、勢いこんで考えてみたもののどのようにしても13個の正三角形に分けることができない。1辺を2cmにしたり、3cmにしたり、4cmにしたりするのだがうまくいかない。それはそうで、すべて同じ大きさの正三角形では13個に分けることはできないのだ。Bさんは、そういうことは告げずに子どもたちに取り組ませていたのだ。

取り組み始めて10分を経過した頃、Bさんは、子どもたちがやってみた失敗作を発表させた。どのように考えたかを出し合い、それでも13個の正三角形には分けられないという事実を改めて共有し、そこから突破口を探らせようと意図してのことだった。

教師はここで一人の子どもに、隣の子と2人でやっていたことを発表させた。彼が子どもたち全員の前で映し出した図は右のようなものだった。この子どもは、1辺が3cmの正三角形を下から作っていったのだ。すると、下から2段で12個

の正三角形になった。同じように3段目にも1辺が3cmのものをつくると4段目はそのまま1辺が3cmの正三角形になり、全部で16個になってしまう。2段目までで12個になったんだから、13個にするにはあと1個でいいのに、3段目、4段目、どうにかならないのかなあ、そう考えて、そこの区切りの直線を消しゴムで消していたというのだ。彼は、その自分のやっていたことをそのままみんなに説明した。

第Ⅲ部　「対話」が言葉をひらき、「人」をひらく

　そのときだった。一人の女の子が声を上げた。「あっ、正三角形の大きさがちがってもいいのかな？」と。一瞬教室が静まる。教師は、その子にもう一度それを言うように促す。彼女は立ち上がってもう一度言う。その言葉が終わるか終わらないうちに何人もの子どもから「あっ！」「あぁ〜」という弾むような声が出た。子どもたちは気づいたのだ。
　子どもたちの表情は一変した。そんな子どもたちに、「じゃあ、もう一度グループになってやっていって」と教師が告げる。すると、先ほどの停滞感はどこかに行ってしまったかのように、子どもたちは勢いこんでグループの取り組みを再開した。こうして、授業後の休憩時間までグループによる取り組みをやめなかった子どもたちは、学級全員が13個の正三角形に分けるまでやり遂げたのだった。
　この授業における教師の指導に、やり方を「教える」ということはなかった。消しゴムで3段目、4段目の直線を消した子どもに発表させたのは教師だけれど、もちろんそこに意図はあったのだけれど、それもただ子どもが実際にしていたことを皆の前に出させただけである。後は、ほとんど子どもたちにグループで取り組ませた。つまり、肝心かなめのところで手を差し伸べたけれど、それは子どもの気づきを生かすという行為であり、それ以外は子どもたちによる学び合いに委ねたのだ。それは、それぞれのグループにおける子どもたちの「対話」を信頼していたことを示していた。

〔2〕かずしさん、すごいな！

　さて、かずしのことについて語らなければならない。右の図を見てもらいたい。これは、課題が出たすぐ後、グループで取り組んだ10分間のうちにかずしが描いたものである。一本一本の線がゆがんでいるのは、教師が配布

163

したプリントに印刷されている1辺が12cmの正三角形の中に描いたものではなく、プリントの裏にフリーハンドで試し描きしたものだからである。

　よく見ると、彼は、1辺が3cmの正三角形で区切ろうとしている。定規を使わずとりあえず描いてみたものなので引いている線に正確さはない。だから、区切られた一つひとつが大きさも形も不ぞろいだし、三角形ではないものもある。おまけに右側の辺の線が消えかかっている。どうやら一旦引いた線を消しゴムで消したりして考えていたようである。この不ぞろいさと消された線が、グループの他の子どもたちに印象的に映ったようである。

　この学級のグループの学びは、できた子どもができていない子どもを教える、いわゆる教え合いではない。すべての子どもがわからなさを出し、すべての子どもが互いの考えを聴き合って、ともに探究する「対話的学び」である。だから、子どもたちは自分たちのグループのだれのどんな考えをも知ろうとする。かずしのグループもそうだった。かずしの描いている図をグループの他の子どもが見たとき、彼らは、正確に描いていないというマイナス面を見るのではなく、「区切った正三角形に大きいのと小さいのがある」ことを見つけたのだという。

　もちろん、この時点で「大きさの異なる正三角形で区切ることで13個に分けることができる」という考え方に、かずしもグループの子どもも気づいていたわけではない。それは、この後、消しゴムで線を消した子どもの発表から引きだされた一人の女の子の気づきによって感動的に姿を現したということは前述したとおりである。私がこうしてかずしのことを知ってもらおうとしているのは、女の子の気づきより前に、その子が見つけた考え方の伏線になるようなことをかずしが行っていて、それがグループ内で大切にされていたことを知ってもらいたかったからである。「子どもが探究する学び」は、こういう出来事の誕生と連なりによって可能になると思うからである。

第Ⅲ部 「対話」が言葉をひらき、「人」をひらく

　かずしの考えが授業の表舞台に出ることはなかったし、かずしの描い
たゆがんだ線の試し描きの図がみんなの前に映し出されることもなかっ
た。だから、この事実は、一つのグループの中でひっそり生まれた小さ
な出来事に過ぎなかった。しかしそれは、かずしのグループの子どもた
ちにとっては心に残る出来事だったようである。授業後に綴った子ども
たちの「ふりかえり」にそれがよく表れている。

　　わたしはさいしょに「12cmで13こ？」と思いました。わたしは、さいしょ
　に４cmでやってみました。でも、９こしか正三角形ができませんでした。み
　んなで、まちがった辺の長さを見せあいました。その時、エミさんが「いろ
　いろな長さでもいいんじゃない？」と話してくれました。そして、わたしは「そっ
　か！」と思いました。そして同じはんのやすみさんが「わかったかも！」と言
　いました。「どういうこと？」ときくと、「上の正三角形（の１辺）が６cmで
　下が３cmや！」と言ったので、やってみると、きちんと正三角形が13こでき
　ました。そして、大きい三角形はどこにかいてもいいとわかりました。
　　グループ全員がなっとくできたのでよかったです。
　　かずしさんがさいしょ、じょうぎではからずにかいて、やすみさんもかいて、
　はじめは「まさか～」と思ったけど、かずしさんが大きいのと小さいのをかい
　ていたのでさんこうになりました。

　この「ふりかえり」を書いた子どもは、「いろいろな長さでもいいんじゃ
ない？」という女の子の言葉によって「そっか！」と気づいたこと、そ
の後、グループで学び合って取り組んだことを思い出しながら綴ってい
る。こういう「ふりかえり」の書き方によって、子どもたちは、仲間と
対話をして学び合うよさを実感的に受けとめていける。
　それはさておき、この文章の後半、かずしのことについて書いている
ところに注目してほしい。この子どもは女の子の考えによってこの難問
を解くことができたのだが、その女の子の考えが自分たちのグループの
かずしの描いていた大きいのと小さいのが混じっている図とよく似てい
ることに気づいたのだ。彼女は、そのとき「まさか～」と思ったと書い
ているが、それは本音だったにちがいない。彼女は「それって、かずし

165

さんがしていたこととおんなじ？」と気づいたのだ。あのすごい気づき
が自分のグループでも生まれていた、それは目の前のかずしがしたこと、
そう思った瞬間「まさか〜」という思いがぱあっと浮かんできたのだろ
う。

　この子どもは、かずしのしたことがどんなに素晴らしいものであった
かこのとき気づいた。そして、「かずしさん、すごい」ときっと思った
ことだろう。そう感じたのはこの子どもだけではない。このグループの
もう一人の子どもは、かずしの考えだけでなく、その考えを思いついた
彼の取り組み方に感心している。

> 　かずしさんがいっぱいうらにかいていたのは、答えににているのもあって、
> 一人でじっと考えていたのはすごいな、と思いました。三角形ではないけど
> 13こにわけていました。

　かずしという子どものグループで生まれた学びは「互恵的」である。
そこで交わされた「対話」は、教える子どもと教えられる子どもとに固
定されていない。どの子どもも同等の立場で仲間から学んでいる。そこ
に存在するのはお互いを尊重したり支えたりする「ケアし合う互恵的関
係」である。「対話的学び」は、「互恵的」になったときようやく本来の
意味に近づいたと言える。そういう意味で、こういう教室の片隅で生ま
れている小さな出来事にこそ、「対話的学び」の本質と可能性があるの
ではないだろうか。

　かずしについて、後日談がある。その年度の最後の日のことである。
修了式を終えた子どもたちは、それぞれの教室で一年の締めくくりを
行っていた。校長がそういう教室の一つひとつを見て回っていたときの
ことである。

　3年生の教室に入ったとき、校長の目に飛びこんできたのは、涙を流
しているかずしだったという。かずしはなぜ涙を流していたのか。何を

第Ⅲ部　「対話」が言葉をひらき、「人」をひらく

かなしんでいたのか。かずしを包みこむように見つめる校長の耳に聴こえてきたのは、彼の「この学級が終わってしまう」というしゃくり上げるように語った言葉だったという。

　3年生になるまで、授業において仲間たちとほとんど言葉を交わすことのなかったかずしが、この学級が終わってしまうと言って涙を流すまでになった、何が彼の気持ちをそのようにさせたのか、そのわけは一つではないだろう。しかし、この授業の事実が表しているような、子どもの間におけるかかわりの蓄積が、そのための大きな大きな力になったことは疑いようはない。

　言葉が相手に届くのは、その言葉のなかに存在する思いや考えや感情が相手に受け取られるときである。だれかに語らなければならないときに、それが本当にそうなのだという確かさがないと話すことのできない子どもがいるのである。話すという行為は、聴く相手との関係でいかようにも変化する。かずしのような子どもは、受け取ってもらえる、それどころか共感されたり、喜んでもらえたり、褒めてくれたりといった本当の反応が返ってくる状況が生まれたとき、自然に言葉が出るようになるのではないだろうか。もちろん、そういう温かくおだやかな反応だけでなく、ときには本気で叱ってくれたり、本音で議論したり、一緒に涙を流してくれたりといった反応も、相手とのつながりを深める。大切なのは、相手を尊重し、相手とのつながりを大切にする互いの心の持ち方である。

　かずしは、対話によってつながりが生まれ、そのことによってさらなる対話ができるようになっていった。そして、その対話が、かずしの他者関係を築いた。かずしにとって、この出来事、そしてこの出来事を生みだした学級、もちろんそれは担任の教師が育てたものである、それが、どんなにうれしいものであったか、その象徴が彼が流した涙だったと言ってよいだろう。

167

〔3〕「対話」のある教室に

　対話は、授業における指導だけで生まれるものではない。もちろん、それぞれの授業において行われる教師の子どもへの対応、学びへの対応は大切である。けれども、豊かな対話はそれだけでは生まれない。授業における教師の指導という狭い枠ではなく、それぞれの子どもの存在が他者の存在とつながり、多くの他者とともに学ぶという人間的な行為によって生まれるものである。

　人間的なものは、方法だけでは決して生まれない。互いに注ぎ合う他者へのまなざし、人と人とのつながりの深さに基づいて生まれる。つまり、学校生活すべてにおいて、どう仲間とともに学び生きているか、その事実の質と蓄積によって生まれてくるものである。そして、ここで声を大にして言いたいのは、子どもたちのその事実は、子どもたちとともに過ごす時間と場において、どういうまなざしを子どもたちに向けて、どういう働きかけをしているか、つまり人間としてどう生きているかという教師の存在のあり方に大きく左右されるということである。「対話のある教室」における対話は子どもによるものだけれど、その教室空間をともに生きる場にするのは教師なのである。

　すべての子どもが対話に参加し、その対話によって豊かな学びを得るには、どの子どもにも「安心感」がなければならない。教室にいる安心感、その教室で仲間とともに暮らす安心感、自分を出して学ぶ安心感である。

　では、その安心感はどうしたら生まれてくるのだろうか。大切なことが二つある。一つは、違いを大切にするということである。これは簡単なことではない。人はどうしても自分の考えにこだわってしまう。だから、異なる考えが出てくると対抗意識が生まれたり、心穏やかでなくなったりする。ひどい場合は、あら探し的な見方をしてつぶしてしまおうと

第Ⅲ部　「対話」が言葉をひらき、「人」をひらく

いう意識が生まれる。それでは対話はできない。対話をするということは、どんなに考え方が異なっても、「相手の考えはそういうことなんだ」と聴かなければならない。そのうえで、自分の考えと擦り合わせる。その擦り合わせによって自分はどう考えるのかと自分自身に問うことになる。自分自身との対話である。

　異なる考えを聴く、そして受けとめるということは、安易に迎合するということではない。人は、異なる考えと出会うことでよりよい考えに行き着いたり、自らの考えを確立したりできるのだから、異なる考えとの出会いは歓迎しなければならない。尊重しなければならない。もちろん、こちらだけがそういう気持ちであっても相手が攻撃的だったら対話にはならない。互いが異なる考えを尊重していなければ対話はできない。

　大切にしなければいけないことの二つ目、それは、わからないという意思表示、間違った考えの表出をこよなく大切にするということである。これは、すべての人が対話に参加するために忘れてはならないことである。そうでないと、わからないでいる人、間違いを恐れている人は参加してこなくなる。

　わからなさや間違いが大切なのは、すべての人が対話に参加できるためだけではない。そもそも「学び」はわからなさが出発点である。はじめからわかっていたら学ぼうという気持ちにはならない。そういう意味で、わからなさや間違いは学びにとって「宝物」である。わからなさや間違いを馬鹿にしたりないがしろにしたりするところから学びは生まれないし、学びのための対話も生まれない。このことはここまでに何度も述べてきたことである。

　それでは、そういう二つの意味を有する「安心感」は、どのようにして生みだすことができるのだろうか。そこに、こうすればよいというマニュアルのような方法はない。どんなことでもそうだが、値打ちのあることは決して型に当てはめるだけでは生まれない。本気でそのようにしようという意志の存在するところで生まれるのだ。

169

学校においてその意志を最大限に発揮しなければいけないのは教師である。当然のことである。教師こそ、同僚に対しても、保護者や地域の人に対しても、そして子どもに対しても、安心して対話できる状況づくりに努めなければならない。

　教師の態度や行いがポーズのようなものであってはならない。「わからなかったら『わかりません』と言うんだよ」「間違っていてもいいんだよ。人は間違いをしながら学び成長していくものだから」などと、子どもを諭したり、何度も繰り返して言ったりしても、それだけで子どもは、「わかりません」「これ、どういう意味ですか」などと尋ねたり、間違いを恐れず考えを出してきたりすることはない。本当にそうしていいのだと納得しなければ、それはできないことなのだ。子どもの納得は、わからないことから学びが生まれたとか、間違いが起点になって深い学びに到達できたといった事実に出会うことによって得られる。ポーズとか言葉だけで子どもの納得は生まれはしない。

　小学校2年の算数「くり下がりのある引き算」の授業。「45−18」という問題に対して「33」と一人の子どもが答えたとき、だれ一人「ちがいます」と言わなかった教室があった。間違いを無視していたわけではない。子どもたちは、間違いを指摘することよりもその子はどこでどうしてそう考えてしまったのかと考えていたのだ。それがわからなければ間違いからその子の学びを生みだすことができないからである。子どもたちをそのように考えられるようにしたのは、その学級の担任に他ならない。この授業までに、子どもの間違いに寄り添い、間違いを起点にした学びを生みだす対応を幾度となく行ってきた担任教師の存在が、子どもたちのこういう受けとめ方をつくったのだった。

　小学校3年の国語「手ぶくろを買いに」という物語を読む授業。母ぎつねに「人間はこわいものなんだよ」と教えられていたのに、初めて会った帽子屋が狐だとわかっていながら手袋を売ってくれ、「ちっともおそろしくないや」と子ぎつねが思う場面で、「一人だけじゃわからないの

第Ⅲ部　「対話」が言葉をひらき、「人」をひらく

にな」と発言した子どもがいた。それは、他のすべての子どもが、手袋
を買うことができた子ぎつねになったように読み味わっている状態にお
いて出てきた発言だったこともあり、教室は一瞬静寂に包まれた。子ぎ
つねの判断を客観的に見るその見方があまりにも唐突だったので理解で
きなかったのである。しかし、しばしの沈黙の後、別の子どもが次のよ
うに言って教室は笑いに包まれた。「やっぱりお母さんと親子だ。お母
さんもお百姓さんだけで人間はこわいと思って、子ぎつねも一人だけや
さしい人に会って……一人だけじゃわからないのに」。自分にはない唐
突な考えをあっという間に受け入れ、それまで考えもしなかった気づき
を生みだせる子ども、そしてそういう考えのつながりをあたたかい笑い
で受けとめる子どもたち。そこには、子どものどんな考えにもいつも耳
を傾けてきた教師の存在があった。

　外国につながる子どもが多く通う学校がある。子どもたちの何人か
は、編入してすぐはほとんど日本語の文字が読めない。その学校のある
学級でのことである。文字が読めず話すことにも不自由な一人の子ども
が不安感を漂わせて教室に編入してきた。ところが、その学級の子ども
たちは彼を放ってはおかなかった。語りかけ、遊びに誘い、彼の気持ち
をほぐそうとした。なかでも横の席になった一人の女の子は、授業中つ
きっきりで彼の学びを支えた。次第に彼の表情は明るくなり、1か月も
すると教科書の音読ができるようになった。不思議に思った担任の教師
が音読する彼の傍らに行って気づいた、彼の教科書の漢字にはルビが
ふってあったのだ。もちろんルビをふったのは彼ではない。学級の子ど
もたちだ。うれしくなった教師がさらによく見ると、ルビのふってある
漢字とふってない漢字がある。怪訝に思った教師は尋ねた、「こっちの
漢字にはなぜルビがふってないの？」と。すると、彼を取り囲んでいた
何人かの子どもたちが言ったそうである、「その漢字はもう読めるから」
と。どの漢字は読め、どの漢字がまだ読めないか、それが子どもたち
にはわかっていたのだ。教師は深く感動した。その話を聴いたとき私は直

171

感した。自分の学級の子どもたちの行動に心震わせるこの教師が担任だったから子どもたちがそういう行動をとったのだと。

どの子どもも「安心感」を抱いて学ぶことのできる空間、それを築くのは教師なのだ。教師のすべての子どもに注ぐまなざしと、すべての子どもにかける言葉と、すべての子どもにかける心づかい、もちろんそのなかには厳しくたしなめることもあるだろうし、強い要求を出すこともあるだろう、そういうことも含めて、教師の存在と振る舞いが、一人ひとりの子どもの「安心感」を生みだす。そして、その「安心感」が、子どもたちの「対話」につながっていくのだ。

対話的に学ぶことによって学びが深まる。しかし、対話的行為は、学びを深めるだけではない。他者とともに育ち合うつながりをつくる。それは、子どもたちが生きるこれからの社会を「共生の社会」にしていくことにつながる。

人間社会は、どこまでもつながり合った「共生の社会」でなければならない。人は、だれもが限られた時間を生きるのだし、自分ひとりでは生きられない。世代を超える縦のつながりも、同時代を生きる横のつながりも、その両方がなければ人間社会は滅びる。そのつながりをつくるのが「対話」なのだ。対話のない社会にしないためにも、学校において、対話する経験を質的にも量的にもたっぷり積むべきだ。「対話的学び」は、深い学びを生みだすとともに、これからの社会を「つながりのある社会」にしていく重要な役割を有しているのだ。

いま、教師は、「対話的な深い学び」の実現に、本気にならなければならない。

解　説

対話により生まれる
深い学びの授業の「真髄」

秋田喜代美
(東京大学大学院教育学研究科教授)

●本書の独自性

　「主体的・対話的で深い学び」の語は、新学習指導要領の目指す姿の鍵であり、全国の学校で広く使用されている。そしてそれに関連する書籍も数多く刊行されている。しかしながら、「主体的」とは具体的にどのような子どもたちの姿であるのかのイメージは、教員によって学校によって、書籍によってかなり違いがあると感じる。また、対話とは何か、対話の過程と「深い学び」として学びが深まる過程の間に、どのような関係があるのかを、授業中の子どもの思考と対話に添って生き生きと描き出し、説明する本は少ない。本書はその意味で稀有な珠玉の本である。

　なぜならそれができるためには、子ども同士が交わし合うまなざしやつぶやき、子どもたちの発する声にならない声も含めて、さまざまな声を聴き取り、子ども同士が関わり合う関係や子ども一人一人がテキストや教材とどのように向き合いつながっているのか、それによってどのような学びに向かおうとしているのかが、実際の授業において見えることが必要であるからである。同じ単元や教材であっても、異なる教室、異なる子どもたちによって生じる、それぞれの授業の中にある一回きりの

独自の出来事や子どもたちの経験に価値を見出し、そこからどの授業の中にも存在する授業の真髄を意味づける丁寧な作業とそれを要諦として語る言葉を有している人でなければできないことだからである。本書は、それを見事に実現した、卓越教師による、あらゆる教師のための授業の書と言える。

石井順治先生ならではの、専門家としての、熟達した教師としての視点が、授業への指導助言者としての長年の実践の知恵から磨き抜かれた言葉によって編み出されている。そのような著作を、石井先生より若輩であり未熟な私が、拙い言葉で読み解くことは惧れ多いことである。しかし、あえてそれを私自身は石井先生への敬意と感謝の思いで試みてみたい。その機会を頂いたことに心からの謝意を表したい。

私が石井順治先生と初めて出会ったのは、今から33年前である。博士課程の院生として文章を読む認知過程の研究をしていた私を、東京大学に着任間もない佐藤学先生が三重で行われていた東海国語教育を学ぶ会の例会に連れて行ってくださったことによる。その当時石井先生は、若手の授業者にとってのあこがれの授業実践者であった。また同時に、これからの授業がどのようにあったらよいのかを実際の授業に即して考える研究会のリーダーでもあった。その後教育委員会での指導主事の仕事や学校長の経験を経られ、定年退職後も、学校創りに取り組む数多くの学校に招かれ、長年指導助言をなされてきた。石井先生は、どのような授業であっても的確にその授業を分析して捉え、かつ温かくもその教師がどのようにさらにこれから成長していったらよいのかのこれからへの見通しを示される。また、学校訪問後には、教師一人一人に温かなメッセージを送られる。だから現場の先生方の信頼は極めて厚い。石井先生の言葉は専門家の厳しさはあっても、教師の尊厳を傷つけることがない。それは教師の仕事が本質的に抱える難しさを知り尽くすと同時に、その中でどの教室にいる子どもたちの中にも可能性を見抜かれる。その助言に、私自身が魅かれ続けた30年であった。「明日には石井先生のような

解説　対話により生まれる深い学びの授業の「真髄」

ヒノキになってみたい」と私自身が慕い続けるあすなろの木である。その関係は今も変わらない。

とかくベテランの指導助言者ほど、自分の思いの枠や経験をあてはめたり、現役教師として生きた時代の経験からの語りに陥りがちである。しかし、石井先生は常に鮮やかである。日本の授業のスタイルは時代とともに2000年代から大きく変わってきている。石井先生は常にその動向を捉え、その一歩先を見据えながら示される。それは、一期一会の授業の中での子どもの姿から導出されているから、常に新しいのである。その集大成の授業の書が本書である。

それを最も顕著に表しているのは3部構成の中でも特に第Ⅱ部であるだろう。取り上げられた授業実践記録は、教師の発言はほとんどなく、すべて協働で子どもたちが真に学び合っている場面だけを取り上げておられる。そして、その子どもたちの考えの深まりを意味づけ価値づける石井先生の解釈で書き上げられている。それによって私たちは授業をどのように見たらよいか、聴き取ったらよいか、読み解いたらよいかを理解できる。なぜそのようなことが石井先生にできるのか、それは、第Ⅰ部に書かれている対話的学びの要諦を、石井先生がご自身の言葉を紡ぎ出され創り上げられているからであると私は考える。

●対話的学びの要諦から、私たちが学びたいこと

第Ⅰ部「対話的学びの要諦」では、石井先生の学びの根っこにある哲学とそれを象る中核となる視点が鍵となる言葉と共に述べられている。対話の基本は「型」ではなく、「要諦」（肝心肝要なこと）が7項目であるという指摘は、昨今のさまざまなノウハウだけが簡潔に紹介される授業指南書とは異なる、授業の質向上への途を示す石井先生の中核となる思想である。「型ではない」ことの感覚や意義が、授業の「やわらかさ」という言葉を使って語られている。さまざまな教室に入ると、どの人で

175

も教室によって授業の空気や雰囲気が異なり、それらが伝わってくることを実感しておられるはずだ。それはまさに、それまで授業の中でのさまざまな関係から醸し出されたものである。子どもが教師の指導によって「型」に入れられ、教師の示す枠に縛られると、子どもたちの教室での居方は、身体もそこで生まれる言葉もこわばってくる。だから新たな考えによって対話が生まれ学びが深まることがない。すでに知っていることがらを口先でしゃべるモノローグの語り、先生だけに宛てて語る語りだけになる。そのような話し合いでも言葉は子どもたちからいろいろ発せられるから、授業としての形は成立しているように見える。しかしそれは対話的学びではないということを、教師が腑に落ちて納得していることが、「要諦」である。自分のクラスはそうなっていないかと振り返りの原点になるのが要諦であるだろう。誤解のないように補足するなら、「型」が悪いのではなく、型を示すことがモデルとして重要な場合も多い。しかし「守・破・離」の語があるように、型から自由になるために要諦が必要なのである。

　言葉を交わし合うことが「対話」になり、そしてそこから「気づき」や「考え」が生まれる時に、学びが深まる。これは一見当たり前のことのように思われがちである。しかしながら言葉を交わし合うという時にそれが対話になることの条件を、石井先生は明確に示されている。対話というと誰に向けた対話かという宛先や応答したかどうかが問われる。それは重要なことである。宛先が教師だけではなく、共に学ぼうとしている子ども同士であることの意味は大きい。また応答することが大事である。しかしそれだけではなく、子どもの発言の中に、考えたい内容が含まれ、考えを夢中に探しているという思考の事実や学びに向かう姿がそこにあるのか、その思考が内在するから聴き合うことが生まれてくるのであるという指摘は、私たちが今こそ深く考えなければならないことではないだろうか。聴き合う授業やコミュニケーションを目指す教師は多い。しかしその時に何を子ども同士で聴き合えるのかにもっと注意を

解説 対話により生まれる深い学びの授業の「真髄」

払っていくことの必要性を、石井先生は私たちに語りかけてくれている。

そして、気づきや考えることは、わからない、うまくいかないからこそ生まれてくるということ、それを石井先生は「わからないを宝物にする」と述べ、具体的な数々の事例を挙げておられる。学びが深まる過程においては、「わからなさ」から考えが生まれるために対話が紡ぎ出される過程が含まれるということを述べておられる。対話を、ペアやグループで話していることとして形式で捉えるだけではなく、その深層で子どもたちの中で生まれている学びの過程に目を向けるということが対話的学びの要諦ということになる。

子ども自身が心や頭を使って夢中になって挑戦している時間は、教師や傍からみるとうまくいっていない時間に時にはみえるだろう。この状態を人は「彼・彼女はわかっていない」「あの子は失敗している、間違っている」とその場の現状で語る。しかし、そこにおいて自分でも思うようにならないからこそ、子どもたちはあきらめることなくこだわりを持ってわかろうとして挑戦している過程の価値を石井先生は、わからなさに寄り添うことが基本だと言われているのである。考えが違う、どうもうまくいっていない、わからないような気がして困っているという時間を大切することは、無駄ではない。その時間にこそ、子どもはわかりたいと思い成し遂げたいに気持ちを向け、深い学びに向かっている時間でありプロセスである。だからその子どもたち自身が自ら伸びようとしている時間こそ意味があり、いとおしい時間であり大事にしたい時間だということ、これが石井先生の学びの哲学である。それは「わからない時にはわからないが言えるとよい」という指摘だけのことではない。

授業時間は限られている。そしてその中で学習してもらいたい内容も数限りなくある。教師は限られた時間の中でのタイムマネジメントで常に苦労し続ける。またそこには、すんなりわかる物わかりのよい子どもだけではない。わかるのに時間がかかる子、いわば時間をかければわかるはずなのに、教師が時間を子どもの学びのペースや息遣いに合わせる

177

ことなく、区切って授業を進めれば置いてきぼりになっていく子が生まれる。その時に教室全体のナレッジ（知識）マネジメント、皆がともに共有する知識の質や深さが問われる。子ども自身がより深く学ぶための時間はどのような時に立ち止まり時間を大切にすればよいのか、これは複数名で集団として学ぶ授業という場に必然的に潜むジレンマである。だからこそわからなさの質を問い、それぞれのわからなさを見極めながら行き先を考えることが必要となる。

　そこで問われるのが教材や課題の質になる。教材と子どもとの自己内対話が、教科の本質とつながっているか、そのために「子どもたちに合うようアレンジする、授業者の血が通っている手作りの課題、誰もが共に学びに向かう課題」と子どもの出会いを保障すること、「課題は１時間の授業にいくつもあるものではない」と述べておられる。わからない子どもには、難しい課題を順に分解可能な下位課題にして、その連続性の中で学んでいけばよいという発想と、教材との対話の発想は異なっている。その時のその場の子どもたちにとって必然になる課題は多くはないからこそ厳選し、誰もが関われるようにして、待つのである。

　そしてさらにそのために、教師は「待つ」こと、「子どもの声を聴く」ことが大切であることは多くの教師や研究者の誰でもが言うことである。また、それがいかに難しいかを、授業者自身は日々嫌と言うほどに実感している。「ついしゃべりすぎてしまう」「待てないんですよね」という言葉は、授業研究協議会の中で数多く語られることである。

　それに対して石井先生は、何を待っているのかという待ち方を問題とされている。子どもが何か言葉を発して授業の進行ができるようにするために待つ、子どもの答えが授業進行上ほしいから待つという待ち方と、子どもは何に気付いたり探究しようとしているのか、どう考えているのかという子どもの考えの深まりが生まれているかを楽しみにして待てているかを、待つこととして石井先生は問われている。これは、授業においてコミュニケーションを重視するということと、対話的学びを大事に

解説　対話により生まれる深い学びの授業の「真髄」

するということの違いでもあるだろう。

　ミハイル・バフチンの対話論を解説した本に次の言葉がある。「（バフチンは）対話を、すでに存在しているものといまだ存在していないものとの絶えざる交換をあらわす、個々の存在の基本構造と捉えた。そうした変形を調整し成形するのは人間の意識である。意識は、『私』活動と『私の中の私でないもの』すべてとの絶えざる交換を調整する。したがって、自己／他者という区別は根源的対立であり、他のすべての対立はそこから派生してくる。行為の現実世界のもっとも高度な構造原理は、私と他者との具体的な構造体系的・認識論的対立なのである」（クラーク、ホルクイスト、1990、p91）。つまり、すでに頭の中にあるものを披歴するだけでなく、仲間の考えや教材と対峙することによって子どもたちはまだそれぞれの頭の中に存在していないものと心の中で自己内対話をすること、それは単に他者の言葉を取り込むことだけではなく、そこから自分の言葉や考えを生み出す過程が対話である。だからこそそこに、「わからない」ことを待つ価値があるのである。

　石井先生の要諦はその意味で、対話がわからなさから始まることと待つことの必要性がどのようにつながるのかを指摘したものとなっている。

　そしてさらに石井先生は、待つ時にただ子どもの言葉、さらにその内奥にある考えが生まれてくるのを教師は待つということだけではなく、待つことや見守るという行為のためには、その後の先を見通しイメージを教師自身が持ったり思い描きながら子どもの傍らに居るのかを問うことの必要性を指摘されている。「見守る」という言葉や発想は、アメリカにはないと20年ほど前に米国の授業研究者が指摘していたのを覚えている。教師の行動を見れば、「見守る、待つ」ことは何もしていないように見える。したがって、一般の人の目から見ると、教師として何もしていないように見える。しかしそこで子どもを放ってあることと、上記のように考えることには専門家としての大きな違いがあるだろう。むし

179

ろ待つことができないことの背景には、教師は子どもたちに対して常に
何か働きかけていなければならないという職業信念があるだろう。そし
てそれは、大人の目から見た、教師の行動の評価への意識だろう。それ
に対して、子どもの考えに集中しているならば、自然に子どもへの目線
は子どもと同じになり、耳を傾ける姿が待つことにつながる。子ども自
身と共に考え、それによって教師もまた活かし活かされ共生できる時に
は、教師は待つことができると言えるだろう。対話を、「他者性をすべ
ての生の基盤と捉え、自分と相容れないものとの並存において現れてく
るものである。他者を理解することは、他者と同一化することではない
からである」とバフチンは述べている。

　石井先生の対話を通した共生の哲学。それは、子ども一人一人、教師
が対話を鍵に授業の中で生き、そして、それぞれがかけがえのないもの
として互いの実存を認め合い互恵的に育つ教育の方向性を示してくれて
いる。石井哲学に私たちは学び、本書との対話を通した深い学びに基づ
いて、共に教育の未来をつくっていきたい。

［引用文献］
カテリーナ・クラーク、マイケル・ホルクイスト（著）／川端 香男里（訳）1990『ミ
ハイール・バフチーンの世界』せりか書房

あ と が き

　「対話」とは何か、そして「対話」の大切さ・豊かさとはどういうものか、それを私に教えてくれたのは子どもたちだった。

　幼いころから私は対話下手だった。というより、他者との関係を築くのに難儀した。人とのつながりに渇望しながら、実際には自分から近づくことができない子どもだった。少年期の私は、吃音にもなり、うまく話せないコンプレックスで心を閉ざしていた。いつも他者とのかかわりに恐れを抱いていたからだろう。

　そんな私の心を開いてくれたのは子どもたちだった。教師になり漁村の暫定僻地校に赴任して出会った子どもたちは、私を無条件で迎え入れてくれた。私は、そんな子どもたちと、自分の子ども時代にはできなかった人とのつながりを味わうこととなったのだった。

　それ以来、今日まで、私の人とのかかわり方、交わす言葉は、子どもたちとの経験を基盤に少しずつ改善されていった。ただ、社会的な生活において交わさなければいけない言葉にはその後もずっと馴染むことができなかった。そこに、本書冒頭の「対話の基本的事項」に掲げたような言葉の率直さ、温かさ、真実味の薄いことが多く、語ることで疲弊することがたびたびあったからだった。そのたびに、それは私個人の人間性から生じることだろうと悩むこともあったが、年齢を重ねるうちに、いつの間にかそういう自分自身に納得し自分らしい他者関係を築けばよいと思うようになった。とともに、それは日本社会が抱える他者関係とも深くかかわっているようにも思われた。

　日本社会においても交わし合う言葉の大切さは言われてきた。けれども、それは意思疎通のためのコミュニケーションであったり、こちらの考えを伝達するための説得力であったり、考えの異なる相手と渡り合う

ディベート力であったりというような意味合いが強く、ともに学び、ともに生きるための対話ではなかったように思えた。

このことは私が中途半端に論じるよりも、その道の識者の書をひもといてもらうほうがよいのでこれ以上述べることは控えたい。それよりも、本書では、子どもたちが実に生き生きと対話しているその事実に目を向け、耳を傾けてもらおうと思った。そして、こういった対話が、学びを深め、学ぶ喜びを高め、他者とかかわる大切さと良さを実感させてくれる。そのことを少しでもお伝えできたらと思った。

自分が授業していた頃も、参観させていただいた授業においても、私は、子どもたちの言葉に存在するさまざまな意味合いを探り出そうと耳を澄ませるようにしてきた。そこに子どものわからなさも気づきも、そして素晴らしい発見も、ときには、子どもの心の声までも存在していると思ったからである。そういう子どもの事実を見つけだす努力をしないで、学びの深まりとか、子どもの育ちとか、そういったことを軽々に口にしてはならないと思ったからだった。

にもかかわらず、グループにおける子どもの声を聴き取ることはほとんどできていなかった。もちろん、グループの学習になれば、どのグループでどんなことが語り合われているのか、どの子どもがどんな気づきをしているのかが知りたくて、耳を澄ませるようにはしてきた。しかし、それでとらえることができたのは、そのとき生まれていることのほんの一部でしかなかった。すべてのグループの話を聴き取ることが物理的に不可能だったからである。

けれども、現在、日本の教師は、一斉指導型から脱却し「対話的学び」で深い学びを目指す授業への挑戦を始めている。ということは、まさにそれが行われているグループの子どもの声に耳を傾けないわけにはいかないということになった。こうして私の授業に対する関心は、教師がどう授業をするかもあるけれど、それ以上に、グループにおいて交わされ

あ　と　が　き

る子どもたちの「対話」に注がれることとなった。

　もちろんどうあがいても、すべてのグループの言葉のやりとりを聴くことはできない。そこで私は、いくつかあるグループの一つに的を絞って耳を澄ませることにした。ビデオカメラを持参したときはその様子を撮影した。そうすればそのグループで生まれている対話の事実をとらえることができると思ったからである。すべてのグループをと考えるあまり結果的にどのグループの出来事も中途半端にしかとらえられないより、一つのグループの対話の一部始終をとらえ切るほうが意義深いと思ったからである。本書はそのような取り組みによって作成することができたものである。

　授業後、私は、映し出した映像に目をやりながら、ヘッドフォンから流れる子どもの言葉に耳を澄ませる。私自身が撮影した映像であるから、その場でもある程度は聴き取れていたこともあり、語られている言葉そのものはまずまず聴くことができる。しかし、一つひとつの子どもの言葉にどういう意味合いが込められているのか、それは学びのゆくえとどうつながっているのか、さらに、何人かの子どもの考えがどうかかわっているのかが授業参観時にとらえ切れていたわけではない。そういったことが映像から流れる子どもの声を聴くことによって姿を現す。

　もちろん、一度や二度視聴しただけではわからないこともある。子どもたちは、ノートや資料に書かれたものを指し示すなどするとともに、表情や仕草によっても伝え合っている。だからそれらは言葉として語られないことが多い。そのうえ、そこには常に学びの対象との対話が存在していて、それこそを聴き取らなければならない。もっとも難しいのは、それぞれの子どもが、自分自身とどう対話しているかを知ることだ。もちろんそれは言葉として語られないからまさに感じ取るしかない。そういった複合的なことがらを、しかも言葉にならないものまで部外者である私が即座に受け取ることは不可能に近かった。それを映像から少しでも豊かに読み取ろうと格闘した。もちろんその映像は限定されたアング

183

ルである。そして音声も、他のグループの声と重なったりして聴き取りにくい。けれども、わからないとなると逆にどうしても知りたくなる。こうして私は、何度も映像再生を繰り返し、ヘッドフォンから聴こえてくる声に集中し画面を凝視する。そして考える。ときには、冷却時間を置くほうがよいと思い、もやもやした気分のまましばらくその作業から離れる。そして何日か後、再び挑戦する。すると、突然、ひらめくように聴こえてくることがある。その瞬間、私の心は喜びに震える。そして思った、これはまさに難解な暗号を解くような行為だと。そういったことが一度ではなく、二度も三度も起こった。

　このように子どもたちの対話の真実（と私が思った）を解き明かせることは私にとって大きな喜びだった。けれども、そのとき授業をしている教師はそれらを知ることはできない。それは仕方のないことである。ただ、本書によって、子どもの対話にはこんなにも豊かな世界が存在しているのだと知ってもらえたら、実際の授業における耳の澄ませ方も変わるだろうし、学びにおける対話を大切にしてもらえるようにもなるだろう。

　それにしても、教師と子どもとの言葉のやりとりではなく、グループにおける子どもの言葉の行き交いだけを事例にして本を編んだのは今回が初めてである。考えてみれば、それこそが子どもの「対話的学び」なのだから当然のことなのだけれど、私の著書はもちろん、私が目にしてきたたくさんの教育書においても、そのように編まれた本に出会ったことはない。そういうことから、本書を編み終わった今、本書がどのように読んでいただけるかたのしみにしている。

　本書に登場する学校はごく普通の公立学校であり、対話をしている子どもたちもごく普通の子どもたちである。なかには、日本語が堪能でない外国とつながる子どももいるし、その教科の学習を苦手にしている子どももいる。しかし、本書を編んでみて、そういう子どもたちも当たり

あ　と　が　き

前のように加わった言葉の行き交いだからこそ、こんな素敵な対話が生まれたのだとしみじみと感じた。そして、さらに強く感じたのは、このような子どもたちの対話は、全国、どこの学校の子どもたちにおいても可能だということだった。

　「はじめに」で述べたように、私は、子どもがつながり合って協同的に学ぶ学びを「学び合う学び」と名づけてきた。そして、本書でお示ししたように、それは「対話的学び」そのものだった。そういうことから言えば、私が実践し訴え続けている学びは「対話的な学び合う学び」だと言えるのではないだろうか。

　本書の発刊に関して多くの方のお力をお貸しいただいた。
　まず、第Ⅱ部及び第Ⅲ部の授業事例を提供していただいた先生方、その学校の校長先生、そして子どもたちに心よりのお礼を申し上げたい。これらの事例がなければ本書は成立しなかった。
　次に、本書にお言葉をお寄せいただいた秋田喜代美先生に心からのお礼を申し上げる。秋田先生と最初にお会いしたのは30年も前のことである。それ以来、今日まで、私の所属する「東海国語教育を学ぶ会」や、その会の主催で開催している「授業づくり・学校づくりセミナー」にずっと続けてかかわってくださり、たくさんのことを学ばせていただいている。もちろん、私が訪問している学校でご一緒できることがあり、そのときの学びは計り知れない。今回も、拙い私の書にお言葉を頂戴した。ありがたいことである。
　そして、もうお一人、40年もの長きにわたって私の実践にもっとも強い影響を与えてくださった佐藤学先生（学習院大学特任教授）に心からのお礼を申し上げたい。佐藤先生から学んだことは甚大で、私にとって先生がどういう存在であったかはどれだけ言葉を紡いでも語り尽くせない。感謝である。

最後に、出版、編集のお世話をいただいた株式会社ぎょうせいの皆さまに心よりのお礼を申し上げる。

　言葉は、対話の相手がいることでひらかれる。

　人と人とのつながりは、言葉の行き交いに真摯に向き合うことによって生まれる。

　学びは、自らの考えと他者の考えとの擦り合わせによって深まる。

　苦しみや悩みは、他者からの寄り添いを受け、その他者と向き合うことによって乗り越えられる。

　生きるということは、他者とどういう対話をし、どう向き合い、どう行動するかではないだろうか。

　「主体的・対話的で深い学び」への取り組みが本格化しようとしている今、本書が少しでも役に立つことができたらこんなにうれしいことはない。

2019年6月

著　者

●著者紹介

石 井 順 治 （いしい・じゅんじ）

1943 年生まれ。三重県内の小学校で主に国語教育の実践に取り組むとともに、氷上正氏（元・神戸市立御影小学校長）に師事し「国語教育を学ぶ会」の事務局長、会長を歴任する。その後、四日市市内の小中学校の校長を務め、2003 年 3 月末退職。退職後は、佐藤学氏（学習院大学特任教授、東京大学名誉教授）、秋田喜代美氏（東京大学大学院教授）と連絡をとりながら、各地の学校を訪問し授業の共同研究を行うとともに、「東海国語教育を学ぶ会」の顧問を務め、「授業づくり・学校づくりセミナー」の開催に尽力している。著書に、『学びの素顔』（世織書房、2009 年）、『ことばを味わい読みをひらく授業』（明石書店、2006 年）、『授業づくりをささえる』（評論社、1999 年）、『教師が壁をこえるとき』（共著・岩波書店、1996 年）、『シリーズ授業・国語Ⅰ・漢字の字源をさぐる』（共著・岩波書店、1991 年）、『「学び合う学び」が生まれるとき』（世織書房、2004 年）、『「学び合う学び」が深まるとき』（世織書房、2012 年）、『教師の話し方・聴き方　ことばが届く、つながりが生まれる』（ぎょうせい、2010 年）、『続・教師の話し方・聴き方　学びの深まりのために』（ぎょうせい、2014 年）などがある。

「対話的学び」をつくる──聴き合い学び合う授業

令和元年 8 月 5 日　第 1 刷発行
令和 5 年 1 月31日　第 4 刷発行

著　者　石 井 順 治
発行所　株式会社ぎょうせい

〒136-8575　東京都江東区新木場1-18-11
URL：https://gyosei.jp

フリーコール　0120-953-431

ぎょうせい　お問い合わせ　検索　https://gyosei.jp/inquiry/

〈検印省略〉

印刷　ぎょうせいデジタル株式会社　　　　　　　　　©2019　Printed in Japan
※乱丁・落丁本はお取り替えいたします。

ISBN978-4-324-10671-6
(5108535-00-000)
〔略号：対話的学び〕

教師の話し方・聴き方
ことばが届く、つながりが生まれる

石井順治 著
A5判・定価 2,096円（税込）

何をどのようなことばで語り、
子どもの思いをどのように受けとめれば
つながりが生まれるのか？
教師の誰もが抱く悩みに寄り添いながら、
具体例をとおして「教師の話し方・聴き方」を説きます。

【主な目次】
Ⅰ　あなたは、どんな話し方、聴き方をしていますか？
Ⅱ　授業を変える話し方・聴き方
Ⅲ　ことばがつながりと信頼感をはぐくむ〜子どもと、保護者と、同僚と〜

続 教師の話し方・聴き方
学びの深まりのために

石井順治 著
A5判・定価 2,200円（税込）

教師として心得ておきたいことをまとめた前作を受け
一人一人の子どもの「学び」に着目して深掘り。
学びの深まりが実現する授業とは？
「教師の話し方・聴き方」で学びを変えるには？
誰もがおさえておきたい授業の要をわかりやすく語ります。

【主な目次】
Ⅰ　学びの深まりを実現する話し方・聴き方とは？
Ⅱ　話し方・聴き方で授業が変わる、学びが深まる
Ⅲ　話し方・聴き方を磨く

■ご照会・お申し込み先
　　株式会社 ぎょうせい　　フリーコール　0120-953-431（平日9〜17時）
　　　　　　　　　　　　　フリーＦＡＸ　0120-953-495
　　　　　　　　　　　　　Ｗｅｂサイト　https://shop.gyosei.jp